HANDBOOK OF BRIEF ENERGY DATA 2016

能源数据简明手册
2016

林卫斌 编著

经济管理出版社
ECONOMY & MANAGEMENT PUBLISHING HOUSE

图书在版编目（CIP）数据

能源数据简明手册.2016/林卫斌编著.—北京：经济管理出版社，2016.5

ISBN 978-7-5096-4406-5

Ⅰ.①能… Ⅱ.①林… Ⅲ.①能源经济—统计数据—中国—2016—手册 Ⅳ.①F426.2-62

中国版本图书馆 CIP 数据核字（2016）第 095966 号

组稿编辑：陆雅丽
责任编辑：陆雅丽
责任印制：黄章平
责任校对：林卫斌

出版发行：经济管理出版社
　　　　　（北京市海淀区北蜂窝 8 号中雅大厦 A 座 11 层　100038）
网　　址：www.E-mp.com.cn
电　　话：（010）51915602
印　　刷：保定市嘉图印刷有限公司
经　　销：新华书店
开　　本：880mm×1230mm/32
印　　张：8.625
字　　数：211 千字
版　　次：2016 年 5 月第 1 版　2016 年 5 月第 1 次印刷
书　　号：ISBN 978-7-5096-4406-5
定　　价：100.00 元

前　言

　　为简明扼要地把握中国能源发展脉络，我们编写出版《能源数据简明手册2016》，内容包括九个方面：能源消费、能源投资、能源资源、能源设施、能源生产、能源贸易、能源库存、能源价格和能源效率。在每一个方面的指标选取上，我们"抓大放小"，力争通过几个关键性指标反映能源发展概况。对于每一个指标，我们设计了三个维度的数据：一是2000年以来的时间序列数据，试图帮助读者把握中国能源发展脉络与趋势；二是国际比较数据，试图帮助读者把握国际能源发展概况与国别差异；三是分地区数据，试图帮助读者把握中国能源发展的地区分布与差异。区别于国家统计局发布的能源统计年鉴和其他机构发布的相关数据手册，本手册的主要特点一是突出简明性；二是具有一定的分析性。

　　感谢我在中国能源研究会能源政策研究中心和北京师范大学能源与产业经济研究中心的研究助理，他们为本书的编写付出了大量辛勤劳动，他们包括：陈昌明、张婧、杜婷、马新如、陈丽娜。受时间和水平所限，编写过程中难免有不足、疏漏甚至错误之处，敬请批评指正。

编　者
2016 年 4 月

目 录

一、能源消费

（一）综合能源消费

表1－1　能源消费总量

指标 年份	能源消费总量		人均能源消费量		日均能源消费量	
	绝对额 （亿吨 标准煤）	增速 （%）	绝对额 （吨标 准煤/人）	增速 （%）	绝对额 （万吨标 准煤/日）	增速 （%）
2000	14.70	4.5	1.16	3.0	402	4.3
2001	15.55	5.8	1.22	5.8	426	6.1
2002	16.96	9.0	1.32	8.3	465	9.0
2003	19.71	16.2	1.53	15.6	540	16.2
2004	23.03	16.8	1.78	16.1	629	16.5
2005	26.14	13.5	2.00	12.8	716	13.8
2006	28.65	9.6	2.19	9.0	785	9.6
2007	31.14	8.7	2.36	8.1	853	8.7
2008	32.06	2.9	2.42	2.4	876	2.7
2009	33.61	4.8	2.53	4.3	921	5.1
2010	36.06	7.3	2.70	6.8	988	7.3
2011	38.70	7.3	2.88	6.8	1060	7.3
2012	40.21	3.9	2.98	3.4	1099	3.6
2013	41.69	3.7	3.07	3.2	1142	4.0
2014	42.58	2.2	3.12	1.6	1167	2.2
2015	43.00	0.9	3.14	0.5	1178	0.9

注：标准量折算采用发电煤耗计算法；人均量根据年中人口数计算。

数据来源：2000－2014年数据来自国家统计局《中国能源统计年鉴2013》；2015年数据来自国家统计局《2015年国民经济和社会发展统计公报》。

表1-2 能源消费总量国际比较（BP）

单位：亿吨标准煤

年份 国家/地区	2010	2011	2012	2013	2014	2014 占比 （%）
世界	170.79	174.74	178.33	181.86	184.69	100.0
OECD	79.97	79.08	78.35	79.04	78.55	42.5
非OECD	90.82	95.65	99.98	102.82	106.14	57.5
中国	**33.42**	**36.35**	**39.02**	**40.75**	**42.46**	**23.0**
美国	32.64	32.36	31.54	32.37	32.84	17.8
欧盟	25.04	24.16	24.08	23.94	23.02	12.5
俄罗斯	9.63	9.94	9.99	9.99	9.74	5.3
印度	7.29	7.64	8.19	8.50	9.11	4.9
日本	7.24	6.87	6.83	6.77	6.52	3.5
加拿大	4.51	4.69	4.67	4.76	4.75	2.6
德国	4.61	4.39	4.53	4.64	4.44	2.4
巴西	3.68	3.85	3.94	4.06	4.23	2.3
韩国	3.64	3.83	3.87	3.88	3.90	2.1
伊朗	3.25	3.39	3.41	3.48	3.60	1.9
沙特	2.90	2.97	3.15	3.25	3.42	1.9
法国	3.62	3.50	3.50	3.55	3.39	1.8
英国	2.99	2.80	2.88	2.86	2.68	1.5
墨西哥	2.54	2.66	2.69	2.69	2.73	1.5
印尼	2.14	2.28	2.30	2.41	2.50	1.4
意大利	2.47	2.42	2.33	2.27	2.13	1.2
西班牙	2.07	2.03	2.02	1.91	1.90	1.0

注：BP统计的是一次能源消费总量；标准量折算采用发电煤耗计算法。

数据来源：BP Statistical Review of World Energy 2015.

表 1-3 能源消费总量国际比较（IEA）

指标 国家/地区	能源消费总量		人均能源消费量		日均能源消费量	
	绝对额 （亿吨 标准煤）	占比 （%）	绝对额 （吨标 准煤/人）	增速 （%）	绝对额 （万吨标 准煤/日）	增速 （%）
世界	193.45	100.0	2.70	0.4	5299.9	1.9
OECD	75.71	39.1	5.99	0.3	2074.2	1.2
非OECD	112.70	58.3	1.91	0.8	3087.6	2.4
中国	**42.99**	**22.2**	**3.17**	**3.0**	**1177.9**	**3.8**
美国	31.26	16.2	9.88	1.5	856.5	2.5
欧盟	23.22	12.0	4.58	-1.5	636.3	-1.0
印度	11.08	5.7	0.87	1.8	303.5	3.4
俄罗斯	10.44	5.4	7.28	-1.6	286.1	-1.1
日本	6.50	3.4	5.10	0.8	177.9	0.9
巴西	4.54	2.3	5.63	12.4	124.3	13.1
德国	4.20	2.2	2.05	-6.7	114.9	-5.6
法国	3.77	1.9	7.50	4.1	103.3	4.8
韩国	3.62	1.9	10.29	-5.0	99.1	-3.6
印尼	3.62	1.9	5.49	19.1	99.1	19.9
加拿大	3.26	1.7	4.23	-10.6	89.4	-9.2
伊朗	3.05	1.6	1.21	-4.0	83.6	-2.4
英国	2.75	1.4	9.09	-2.7	75.2	-0.1
沙特	2.73	1.4	4.26	-5.3	74.7	-4.4
意大利	2.73	1.4	2.21	17.0	74.9	18.9
墨西哥	2.22	1.1	3.68	-18.6	60.8	-17.4
南非	2.02	1.0	3.80	-0.9	55.3	0.9

注：本表数据为2013年数据；IEA统计的是一次能源供应量，统计范围除了煤炭、石油、天然气、核电、水电和其他可再生能源等商品能源之外，还包括农村生物燃料等非商品能源；世界总量与OECD和非OECD总量之和的差值为国际航空与航海加油量；标准量折算采用电热当量计算法。

数据来源：IEA，World Energy Balances（2015 edition）.

表 1−4 分地区能源消费量

单位：万吨标准煤

年份 地区	2010	2011	2012	2013	2014
全 国	360648	387043	402138	416913	425806
地区加总	389513	422308	443604	427491	439954
北 京	6954	6995	7178	6724	6831
天 津	6818	7598	8208	7882	8154
河 北	27531	29498	30250	29664	29320
山 西	16808	18315	19336	19761	19863
内蒙古	16820	18737	19786	17681	18309
辽 宁	20947	22712	23526	21721	21803
吉 林	8297	9103	9443	8645	8560
黑龙江	11234	12119	12758	11853	11955
上 海	11201	11270	11362	11346	11085
江 苏	25774	27589	28850	29205	29863
浙 江	16865	17827	18076	18640	18826
安 徽	9707	10570	11358	11696	12011
福 建	9809	10653	11185	11190	12110
江 西	6355	6928	7233	7583	8055
山 东	34808	37132	38899	35358	36511
河 南	21438	23062	23647	21909	22890
湖 北	15138	16579	17675	15703	16320
湖 南	14880	16161	16744	14919	15317
广 东	26908	28480	29144	28480	29593
广 西	7919	8591	9155	9100	9515
海 南	1359	1601	1688	1720	1820
重 庆	7856	8792	9278	8049	8593
四 川	17892	19696	20575	19212	19879
贵 州	8175	9068	9878	9299	9709
云 南	8674	9540	10434	10072	10455
陕 西	8882	9761	11013	10610	11222
甘 肃	5923	6496	7007	7287	7521
青 海	2568	3189	3524	3768	3992
宁 夏	3681	4316	4562	4781	4946
新 疆	8290	9927	11831	13632	14926

注：标准量折算采用发电煤耗计算法。

数据来源：国家统计局历年《中国能源统计年鉴》。

表1-5 一次能源消费结构

单位:%

| 年份 | 煤炭 | 石油 | 天然气 | 一次电力及其他能源 | | |
					水电	核电
2000	68.5	22.0	2.2	7.3	5.7	0.4
2001	68.0	21.2	2.4	8.4	6.7	0.4
2002	68.5	21.0	2.3	8.2	6.3	0.5
2003	70.2	20.1	2.3	7.4	5.3	0.8
2004	70.2	19.9	2.3	7.6	5.5	0.8
2005	72.4	17.8	2.4	7.4	5.4	0.7
2006	72.4	17.5	2.7	7.4	5.4	0.7
2007	72.5	17.0	3.0	7.5	5.4	0.7
2008	71.5	16.7	3.4	8.4	6.1	0.7
2009	71.6	16.4	3.5	8.5	6.0	0.7
2010	69.2	17.4	4.0	9.4	6.4	0.7
2011	70.2	16.8	4.6	8.4	5.7	0.7
2012	68.5	17.0	4.8	9.7	6.8	0.8
2013	67.4	17.1	5.3	10.2	6.9	0.8
2014	65.6	17.4	5.7	11.3	7.7	1.0
2015	64	18.1	5.9	12	-	-

注：标准量折算采用发电煤耗计算法。

数据来源：2000-2014年数据来自国家统计局《中国能源统计年鉴2015》；2015年数据来自国家统计局《2015年国民经济和社会发展统计公报》。

表1-6 一次能源消费结构国际比较（BP）

单位:%

国家/地区	煤炭	石油	天然气	核电	水电	其他可再生能源
世界	30.0	32.6	23.7	4.4	6.8	2.5
OECD	19.1	37.0	26.1	8.2	5.7	3.9
非OECD	38.1	29.3	22.0	1.7	7.6	1.4
中国	**66.0**	**17.5**	**5.6**	**1.0**	**8.1**	**1.8**
美国	19.7	36.4	30.2	8.3	2.6	2.8
欧盟	16.7	36.8	21.6	12.3	5.2	7.4
印度	56.5	28.3	7.1	1.2	4.6	2.2
俄罗斯	12.5	21.7	54.0	6.0	5.8	0
日本	27.7	43.2	22.2	0	4.3	2.6
巴西	5.2	48.2	12.1	1.2	28.2	5.2
德国	24.9	35.9	20.5	7.1	1.5	10.2
法国	3.8	32.4	13.6	41.5	6.0	2.7
韩国	31.0	39.5	15.7	13.0	0.3	0.4
印尼	34.8	42.3	19.8	0	1.9	1.3
加拿大	6.4	31.0	28.2	7.2	25.8	1.5
伊朗	0.5	37.0	60.8	0.4	1.4	0
英国	15.7	36.9	31.9	7.7	0.7	7.0
沙特	0	59.3	40.7	0	0	0
意大利	9.0	38.0	34.3	0	8.7	10.0
墨西哥	7.5	44.5	40.4	1.1	4.5	1.9
西班牙	9.0	44.7	17.8	9.7	6.7	12.1

注：本表数据为2014年数据。

数据来源：根据BP Statistical Review of World Energy 2015 相关数据计算得到。

表 1-7　一次能源消费结构国际比较（IEA）

单位:%

国家/地区	煤炭	石油	天然气	核电	水电	生物质燃料等
世界	28.9	31.1	21.4	4.8	2.4	11.4
OECD	19.4	35.6	25.9	9.6	2.3	7.2
非 OECD	36.5	25.1	19.4	1.7	2.6	14.7
中国	**67.3**	**16.1**	**4.7**	**1.0**	**2.6**	**8.4**
美国	19.7	35.7	27.9	9.8	1.1	5.9
欧盟	17.6	31.6	23.8	14.1	2.0	11.0
印度	44.0	22.7	5.7	1.2	1.6	24.8
俄罗斯	14.8	21.9	54.1	6.2	2.1	0.9
日本	26.7	44.5	23.4	0.5	1.5	3.4
巴西	5.6	41.5	10.9	1.3	11.4	29.2
德国	25.7	32.4	23.0	8.0	0.6	10.3
法国	4.9	28.0	15.4	43.6	2.4	5.7
韩国	29.5	36.6	18.0	13.7	0.1	2.0
印尼	14.8	35.9	15.3	0.0	0.7	33.4
加拿大	6.9	31.0	34.4	10.6	13.3	3.9
伊朗	0.5	41.2	57.0	0.6	0.6	0
英国	19.5	30.1	34.4	9.6	0.2	6.1
沙特	0.0	65.2	34.8	0.0	0.0	0.0
意大利	8.7	34.3	36.9	0.0	2.9	17.1
墨西哥	6.5	51.7	32.2	1.6	1.3	6.8
南非	67.6	16.3	2.9	2.6	0.1	10.6

注：本表数据为 2013 年数据。

数据来源：根据 IEA，World Energy Balances（2015 edition）相关数据计算得到。

表1-8 分行业能源消费量

单位：万吨标准煤

年份	农、林、牧、渔、水利业	工业	建筑业	交通运输、仓储和邮政业	批发、零售业和住宿、餐饮业	其他行业	生活消费
2000	4233	103014	2207	11447	3251	6118	16695
2001	4553	109725	2283	11834	3500	6352	17301
2002	4929	119918	2457	12852	3917	6861	18642
2003	5683	139350	2770	14955	4723	8153	21448
2004	6392	163394	3183	17775	5499	9294	24745
2005	6860	187914	3486	19136	5917	10484	27573
2006	7154	206590	3836	20926	6358	11500	30102
2007	7068	225835	4203	22419	6732	12293	32891
2008	6873	232079	3874	23997	6885	13215	33689
2009	6978	243567	4712	24460	7303	13933	35173
2010	7266	261377	5533	27102	7847	15052	36470
2011	7675	278048	6052	29694	9147	16843	39584
2012	7804	284712	6337	32561	10012	18407	42306
2013	8055	291130	7017	34819	10598	19763	45531
2014	8094	295686	7520	36336	10873	20084	47212

注：标准量折算采用发电煤耗计算法。

数据来源：国家统计局《中国能源统计年鉴2014》《中国能源统计年鉴2015》。

表1-9 分行业能源消费结构

单位:%

年份	农、林、牧、渔、水利业	工业	建筑业	交通运输、仓储和邮政业	批发、零售业和住宿、餐饮业	其他行业	生活消费
2000	2.9	70.1	1.5	7.8	2.2	4.2	11.4
2001	2.9	70.5	1.5	7.6	2.3	4.1	11.1
2002	2.9	70.7	1.4	7.6	2.3	4.0	11.0
2003	2.9	70.7	1.4	7.6	2.4	4.1	10.9
2004	2.8	71.0	1.4	7.7	2.4	4.0	10.7
2005	2.6	71.9	1.3	7.3	2.3	4.0	10.5
2006	2.5	72.1	1.3	7.3	2.2	4.0	10.5
2007	2.3	72.5	1.3	7.2	2.2	3.9	10.6
2008	2.1	72.4	1.2	7.5	2.1	4.1	10.5
2009	2.1	72.5	1.4	7.3	2.2	4.1	10.5
2010	2.0	72.5	1.5	7.5	2.2	4.2	10.1
2011	2.0	71.8	1.6	7.7	2.4	4.4	10.2
2012	1.9	70.8	1.6	8.1	2.5	4.6	10.5
2013	1.9	69.8	1.7	8.4	2.5	4.7	10.9
2014	1.9	69.4	1.8	8.5	2.6	4.7	11.1

注:标准量折算采用发电煤耗计算法。

数据来源:根据表1-8数据计算得到。

表 1－10　分行业终端能源消费量（发电煤耗计算法）

单位：万吨标准煤

年份	农、林、牧、渔、水利业	工业	建筑业	交通运输、仓储和邮政业	批发、零售业和住宿、餐饮业	其他行业	生活消费	总计
2000	4233	96871	2207	11101	3251	6118	16695	140476
2001	4553	103253	2283	11491	3500	6352	17301	148733
2002	4929	112725	2457	12509	3917	6861	18642	162041
2003	5683	131565	2770	14643	4723	8153	21448	188986
2004	6392	154802	3183	17452	5499	9294	24745	221367
2005	6860	177775	3486	18783	5917	10484	27573	250877
2006	7154	195582	3836	20525	6358	11500	30102	275058
2007	7068	214473	4203	22015	6732	12293	32891	299675
2008	6873	219516	3874	23560	6885	13215	33689	307612
2009	6978	230042	4712	23980	7303	13933	35173	322120
2010	7266	238652	5533	26648	7847	15052	36470	337469
2011	7675	264698	6052	29297	9147	16843	39584	373296
2012	7804	269900	6337	32122	10012	18407	42306	386888
2013	8055	278514	7017	34337	10598	19763	45531	403814
2014	8094	283420	7520	35960	10873	20084	47212	413163

数据来源：国家统计局《中国能源统计年鉴2014》《中国能源统计年鉴2015》。

表 1−11　分行业终端能源消费结构（发电煤耗计算法）

单位:%

年份	农、林、牧、渔、水利业	工业	建筑业	交通运输、仓储和邮政业	批发、零售业和住宿、餐饮业	其他行业	生活消费
2000	3.0	69.0	1.6	7.9	2.3	4.4	11.9
2001	3.0	69.6	1.5	7.7	2.4	4.2	11.5
2002	3.0	69.6	1.5	7.7	2.5	4.3	11.3
2003	2.9	69.9	1.4	7.9	2.5	4.2	11.2
2004	2.7	70.9	1.4	7.5	2.4	4.2	11.0
2005	2.6	71.1	1.4	7.5	2.3	4.2	10.9
2006	2.4	71.6	1.4	7.3	2.2	4.1	11.0
2007	2.2	71.4	1.3	7.7	2.2	4.3	11.0
2008	2.2	71.4	1.5	7.4	2.3	4.3	10.9
2009	2.2	70.7	1.6	7.9	2.3	4.5	10.8
2010	2.1	70.9	1.6	7.8	2.5	4.5	10.6
2011	2.0	69.8	1.6	8.3	2.6	4.8	10.9
2012	2.0	69.0	1.7	8.5	2.6	4.9	11.3
2013	2.0	69.0	1.7	8.5	2.6	4.9	11.3
2014	2.0	68.6	1.8	8.7	2.6	4.9	11.4

数据来源：根据表 1−10 数据计算得到。

表1-12 分行业终端能源消费量（电热当量计算法）

单位：万吨标准煤

年份	农、林、牧、渔、水利业	工业	建筑业	交通运输、仓储和邮政业	批发、零售业和住宿、餐饮业	其他行业	生活消费	总计
2000	2867	71874	1796	10369	2162	4482	12623	106173
2001	3085	76475	1890	10699	2324	4644	12905	112022
2002	3427	83453	2073	11750	2662	5026	13959	122349
2003	4005	98387	2332	13646	3218	5905	15988	143480
2004	4564	117062	2697	16366	3790	6779	18469	169726
2005	5029	135682	2927	17752	4110	7261	20007	192767
2006	5237	148012	3201	19418	4356	7819	21499	209541
2007	5116	162606	3509	20812	4626	8401	23087	228156
2008	4980	167230	3083	22314	4664	9036	23365	234674
2009	5047	176789	3836	22691	4918	9331	24165	246777
2010	5334	182649	4577	25195	5291	10201	26330	259577
2011	5702	202369	4938	27644	6219	11479	28634	286985
2012	5876	206447	5179	30380	6793	12537	30468	297681
2013	6119	210468	5744	32450	7060	13358	32355	307555
2014	6207	213208	6176	33987	7157	13352	33849	313936

数据来源：国家统计局《中国能源统计年鉴2014》《中国能源统计年鉴2015》。

表 1 - 13　分行业终端能源消费结构（电热当量计算法）

单位:%

年份	农、林、牧、渔、水利业	工业	建筑业	交通运输、仓储和邮政业	批发、零售业和住宿、餐饮业	其他行业	生活消费
2000	2.7	67.7	1.7	9.8	2.0	4.2	11.9
2001	2.8	68.3	1.7	9.6	2.1	4.1	11.5
2002	2.8	68.2	1.7	9.6	2.2	4.1	11.4
2003	2.8	68.6	1.6	9.5	2.2	4.1	11.1
2004	2.7	69.0	1.6	9.6	2.2	4.0	10.9
2005	2.6	70.4	1.5	9.2	2.1	3.8	10.4
2006	2.5	70.6	1.5	9.3	2.1	3.7	10.3
2007	2.2	71.3	1.5	9.1	2.0	3.7	10.1
2008	2.1	71.3	1.3	9.5	2.0	3.9	10.0
2009	2.0	71.6	1.6	9.2	2.0	3.8	9.8
2010	2.1	70.4	1.8	9.7	2.0	3.9	10.1
2011	2.0	70.5	1.7	9.6	2.2	4.0	10.0
2012	2.0	69.4	1.7	10.2	2.3	4.2	10.2
2013	2.0	68.4	1.9	10.6	2.3	4.3	10.5
2014	2.0	67.9	2.0	10.8	2.3	4.3	10.8

数据来源：根据表 1 - 12 数据计算得到。

表 1 – 14　分行业终端能源消费量国际比较

单位：万吨标准煤

国家/地区	工业与非能源使用	交通运输	生活	商业和公共服务	农、林、渔业	其他行业	总计
世界	503314	366217	304031	107396	29067	18699	1328723
OECD	162873	170555	102399	70704	10173	4105	520810
非 OECD	340441	145269	201632	36692	18894	14593	757521
中国	**160258**	**36900**	**56870**	**10323**	**5604**	**7686**	**277641**
美国	54305	86850	37997	29266	3082	2080	213581
欧盟	51055	43325	42228	21776	3564	739	162687
印度	30789	10685	26126	2936	3393	1547	75477
俄罗斯	27559	13362	14748	4917	1475	9	62070
日本	17162	10491	6555	9578	540	161	44487
巴西	14032	11910	3388	1703	1522	79	32633
德国	10986	7750	8516	4856	0	21	32129
法国	5933	6191	6234	3283	657	210	22508
韩国	13070	4482	2898	2915	449	163	23977
印尼	6830	6598	8587	754	347	25	23141
加拿大	10250	8734	4839	3307	901	410	28442
伊朗	8517	6137	6540	1398	992	48	23631
英国	4254	5580	5738	2523	124	214	18433
沙特	10297	5953	1769	929	53	8	19010
意大利	4639	5100	4889	2264	398	20	17310
墨西哥	5766	7304	2500	560	540	212	16882
南非	4338	2682	2392	634	303	268	10617

注：本表数据为 2013 年数据；工业终端能源消费量不包括能源工业自用量。

数据来源：IEA，World Energy Balances（2015 edition）．

表 1 – 15　分行业终端能源消费结构国际比较

单位:%

国家/地区	工业与非能源使用	交通运输	生活	商业和公共服务	农、林、渔业	其他行业
世界	37.9	27.6	22.9	8.1	2.2	1.4
OECD	31.3	32.7	19.7	13.6	2.0	0.8
非 OECD	44.9	19.2	26.6	4.8	2.5	1.9
中国	**57.7**	**13.3**	**20.5**	**3.7**	**2.0**	**2.8**
美国	25.4	40.7	17.8	13.7	1.4	1.0
欧盟	31.4	26.6	26.0	13.4	2.2	0.5
印度	40.8	14.2	34.6	3.9	4.5	2.0
俄罗斯	44.4	21.5	23.8	7.9	2.4	0.0
日本	38.6	23.6	14.7	21.5	1.2	0.4
巴西	43.0	36.5	10.4	5.2	4.7	0.2
德国	34.2	24.1	26.5	15.1	0.0	0.1
法国	26.4	27.5	27.7	14.6	2.9	0.9
韩国	54.5	18.7	12.1	12.2	1.9	0.7
印尼	29.5	28.5	37.1	3.3	1.5	0.1
加拿大	36.0	30.7	17.0	11.6	3.2	1.4
伊朗	36.0	26.0	27.7	5.9	4.2	0.2
英国	23.1	30.3	31.1	13.7	0.7	1.2
沙特	54.2	31.3	9.3	4.9	0.3	0.0
意大利	26.8	29.5	28.2	13.1	2.3	0.1
墨西哥	34.2	43.3	14.8	3.3	3.2	1.3
南非	40.9	25.3	22.5	6.0	2.9	2.5

注:本表数据为 2013 年数据;工业终端能源消费量不包括能源工业自用量。

数据来源:根据表 1 – 14 数据计算得到。

（二）煤炭消费

表 1-16　煤炭消费总量

指标 年份	煤炭消费总量		人均煤炭消费量		日均煤炭消费量	
	绝对额 （亿吨）	增速 （%）	绝对额 （吨/人）	增速 （%）	绝对额 （万吨/日）	增速 （%）
2000	13.57	1.3	1.07	0.5	371	1.0
2001	14.31	5.4	1.12	4.7	392	5.7
2002	15.36	7.4	1.20	6.6	421	7.4
2003	18.38	19.6	1.43	18.9	504	19.6
2004	21.22	15.5	1.64	14.8	580	15.1
2005	24.34	14.7	1.87	14.0	667	15.0
2006	27.06	11.2	2.06	10.6	742	11.2
2007	29.04	7.3	2.20	6.7	796	7.3
2008	30.06	3.5	2.27	3.0	821	3.2
2009	32.50	8.1	2.44	7.6	890	8.4
2010	34.90	7.4	2.61	6.9	956	7.4
2011	38.90	11.4	2.89	10.9	1066	11.4
2012	41.17	5.9	3.05	5.3	1125	5.6
2013	42.44	3.1	3.13	2.6	1163	3.4
2014	41.16	-3.0	3.02	-3.5	1128	-3.0
2015	39.64	-3.7	2.89	-4.2	1086	-3.7

注：人均量根据年中人口数计算。

数据来源：2000-2014 年数据来自国家统计局历年《中国能源统计年鉴》；2015 年数据根据国家统计局《2015 年国民经济和社会发展统计公报》相关数据计算得到。

表 1－17　煤炭消费总量国际比较

单位：百万吨标准油

国家/地区	2010	2011	2012	2013	2014	2014占比（%）
世界	3611.2	3777.4	3798.8	3867.0	3881.8	100.0
OECD	1130.0	1109.5	1061.5	1069.1	1052.5	27.1
非 OECD	2481.2	2667.8	2737.3	2797.9	2829.3	72.9
中国	**1740.8**	**1896.0**	**1922.5**	**1961.2**	**1962.4**	**50.6**
美国	525.0	495.4	437.9	454.6	453.4	11.7
印度	260.2	270.1	302.3	324.3	360.2	9.3
欧盟	281.3	288.9	297.4	288.6	269.8	7.0
日本	123.7	117.7	124.4	128.6	126.5	3.3
南非	92.8	90.4	88.3	88.7	89.4	2.3
俄罗斯	90.5	94.0	98.4	90.5	85.2	2.2
韩国	75.9	83.6	81.0	81.9	84.8	2.2
德国	77.1	78.3	80.5	81.7	77.4	2.0
印尼	39.5	46.9	53.0	57.6	60.8	1.6
波兰	56.4	56.1	54.3	55.8	52.9	1.4
澳大利亚	50.6	50.2	47.3	44.9	43.8	1.1
中国台湾	39.9	41.5	41.1	41.0	40.9	1.1
土耳其	31.4	33.9	36.5	31.6	35.9	0.9
哈萨克斯坦	31.6	34.0	36.6	35.9	34.5	0.9
乌克兰	38.3	41.5	42.7	41.4	33.0	0.9
英国	30.9	31.4	38.9	37.1	29.5	0.8
加拿大	25.2	22.2	21.2	20.8	21.2	0.5
越南	14.0	16.5	15.0	15.8	19.1	0.5

数据来源：BP Statistical Review of World Energy 2015.

表 1 - 18　分地区煤炭消费量

单位：万吨

年份 地区	2010	2011	2012	2013	2014
全　国	349008	388961	411727	424426	411614
地区加总	381414	428585	436454	432216	431739
北　京	2635	2366	2270	2019	1737
天　津	4807	5262	5298	5279	5027
河　北	27465	30792	31359	31663	29636
山　西	29865	33479	34551	36637	37587
内蒙古	27004	34684	36620	34916	36466
辽　宁	16908	18054	18219	18133	18002
吉　林	9583	11035	11083	10414	10379
黑龙江	12219	13200	13965	13267	13596
上　海	5876	6142	5703	5681	4896
江　苏	23100	27364	27762	27946	26913
浙　江	13950	14776	14374	14161	13824
安　徽	13376	14123	14704	15665	15787
福　建	7026	8714	8485	8079	8198
江　西	6246	6988	6802	7255	7477
山　东	37328	38921	40233	37683	39562
河　南	26050	28374	25240	25058	24250
湖　北	13470	15805	15799	12167	11888
湖　南	11323	13006	12084	11224	10900
广　东	15984	18439	17634	17107	17014
广　西	6207	7033	7264	7344	6797
海　南	647	815	931	1009	1018
重　庆	6397	7189	6750	5794	6096
四　川	11520	11454	11872	11679	11045
贵　州	10908	12085	13328	13651	13118
云　南	9349	9664	9850	9783	8675
陕　西	11639	13318	15774	17248	18375
甘　肃	5390	6303	6558	6541	6716
青　海	1271	1508	1859	2073	1817
宁　夏	5765	7947	8055	8534	8857
新　疆	8106	9745	12028	14206	16088

数据来源：国家统计局历年《中国能源统计年鉴》。

表 1-19 分用途煤炭消费量

单位：万吨

年份	消费总量	终端消费	火力发电	供热	炼焦	炼油及煤制油	制气	煤制品加工	洗选损耗
2000	135690	50511	55811	8794	16496	—	960	—	3191
2001	143063	52845	59798	8951	17936	—	1002	—	2581
2002	153584	54656	68600	8974	18625	—	973	—	1817
2003	183760	63864	81966	10895	23640	—	1055	141	2199
2004	212162	77610	91962	11547	26150	—	1316	244	3334
2005	243375	86386	103663	13542	33446	—	1277	280	4782
2006	270639	92151	118764	14612	38399	—	1257	477	4979
2007	290410	99718	127917	15441	41659	—	1460	411	3805
2008	300605	103950	132652	15061	41462	—	1227	344	5908
2009	325003	111470	143967	15360	45392	—	1151	398	7266
2010	349008	114826	153742	17553	49950	213	1040	449	11235
2011	388961	120647	175579	19334	56060	346	870	502	15623
2012	411727	118957	183531	23780	56768	378	849	710	26754
2013	424426	119491	195177	22710	62536	459	846	628	22579
2014	411614	116044	184525	22445	62894	650	948	732	23375

数据来源：国家统计局历年《中国能源统计年鉴》。

表1-20 分用途煤炭消费结构

单位:%

年份	终端消费	火力发电	供热	炼焦	炼油及煤制油	制气	煤制品加工	洗选损耗
2000	37.2	41.1	6.5	12.2	—	0.7	—	2.4
2001	36.9	41.8	6.3	12.5	—	0.7	—	1.8
2002	35.6	44.7	5.8	12.1	—	0.6	—	1.2
2003	34.8	44.6	5.9	12.9	—	0.6	0.1	1.2
2004	36.6	43.4	5.4	12.3	—	0.6	0.1	1.6
2005	35.5	42.6	5.6	13.7	—	0.5	0.1	2.0
2006	34.1	43.9	5.4	14.2	—	0.5	0.2	1.8
2007	34.3	44.1	5.3	14.3	—	0.5	0.1	1.3
2008	34.6	44.1	5.0	13.8	—	0.4	0.1	2.0
2009	34.3	44.3	4.7	14.0	—	0.4	0.1	2.2
2010	32.9	44.1	5.0	14.3	0.1	0.3	0.1	3.2
2011	31.0	45.1	5.0	14.4	0.1	0.2	0.1	4.0
2012	28.9	44.6	5.8	13.8	0.1	0.2	0.2	6.5
2013	28.2	46.0	5.4	14.7	0.1	0.2	0.2	5.3
2014	28.2	44.8	5.5	15.3	0.2	0.2	0.2	5.7

数据来源:根据表1-19数据计算得到。

表 1-21　分用途煤炭消费结构国际比较

单位:%

用途 国家/地区	发电	热电联产	供热	转换损失	终端消费	其他
世界	53.8	4.5	3.5	7.5	27.4	3.3
OECD	72.6	7.6	0.5	5.9	11.7	1.7
非 OECD	47.1	3.4	4.5	8.1	33.0	3.9
中国	**46.0**	**0.0**	**5.7**	**8.7**	**35.5**	**4.1**
美国	90.0	2.3	0.0	1.6	5.2	0.9
印度	65.3	0.0	0.0	4.0	30.3	0.4
俄罗斯	0.0	51.8	12.7	23.0	10.9	1.6
日本	59.2	0.0	0.0	16.2	22.0	2.6
南非	59.5	0.0	0.0	1.7	18.8	20.0
韩国	63.2	7.0	0.0	13.8	12.4	3.6
德国	73.3	9.1	0.5	6.8	8.7	1.6
波兰	0.0	65.7	5.6	2.6	23.9	2.2
澳大利亚	88.8	1.4	0.0	1.4	7.2	1.2
乌克兰	48.4	5.6	3.1	17.4	20.8	4.7
哈萨克斯坦	0.0	52.4	0.0	5.3	36.9	5.4
土耳其	51.4	0.7	0.0	6.3	38.5	3.1
印尼	86.3	0.0	0.0	0.0	13.7	0.0
英国	81.5	0.4	1.1	6.1	8.3	2.6
加拿大	79.5	0.0	0.0	5.5	15.0	0.0
捷克	41.3	34.6	0.5	4.6	14.1	4.9
泰国	48.6	0.0	0.0	0.0	51.3	0.1
意大利	76.7	4.2	0.0	5.6	13.3	0.2
巴西	21.8	9.8	0.0	17.8	47.1	3.5
西班牙	81.8	0.7	0.0	5.8	9.5	2.2
法国	46.6	1.1	2.2	22.4	24.9	2.8
墨西哥	57.4	0.0	0.0	3.5	38.5	0.6

注：本表数据为 2013 年数据；百分比按标准量计算。

数据来源：根据 IEA，World Energy Balances（2015 edition）相关数据计算得到。

表1-22 分行业煤炭消费量

单位：万吨

年份 指标	2010	2011	2012	2013	2014
消费总量	349008	388961	411727	424426	411614
农、林、牧、渔、水利业	2147	2207	2266	2451	2579
工业	329728	368916	391191	403157	390497
采掘业	27146	32914	43100	39165	37659
煤炭开采和洗选业	24893	30664	40786	36772	35613
制造业	151519	163946	165862	173152	175976
石油加工、炼焦和核燃料加工业	35103	39418	41838	47649	47774
化学原料和化学制品制造业	22379	24507	25843	25789	27085
非金属矿物制品业	30844	33370	32205	31633	33015
黑色金属冶炼和压延加工业	30749	33886	34104	34531	34527
电力、煤气及水生产和供应业	151064	172056	182229	190840	176863
电力、热力生产和供应业	149726	170949	181090	189848	176098
建筑业	731	797	767	811	914
交通运输、仓储和邮政业	639	646	614	615	558
批发、零售业和住宿、餐饮业	3192	3572	3752	3966	3767
其他行业	3412	3612	3883	4136	4046
生活消费	9159	9212	9253	9290	9253

数据来源：国家统计局历年《中国能源统计年鉴》。

表 1－23　分行业煤炭消费结构

单位:%

指标 \ 年份	2010	2011	2012	2013	2014
消费总量	100.0	100.0	100.0	100.0	100.0
农、林、牧、渔、水利业	0.6	0.6	0.6	0.6	0.6
工业	94.5	94.9	95.0	95.0	94.9
采掘业	7.8	8.5	10.5	9.2	9.2
煤炭开采和洗选业	7.1	7.9	9.9	8.7	8.7
制造业	43.4	42.2	40.3	40.8	42.8
石油加工、炼焦和核燃料加工业	10.1	10.1	10.2	11.2	11.6
化学原料和化学制品制造业	6.4	6.3	6.3	6.1	6.6
非金属矿物制品业	8.8	8.6	7.8	7.5	8.0
黑色金属冶炼和压延加工业	8.8	8.7	8.3	8.1	8.4
电力、煤气及水生产和供应业	43.3	44.2	44.3	45.0	43.0
电力、热力生产和供应业	42.9	44.0	44.0	44.7	42.8
建筑业	0.2	0.2	0.2	0.2	0.2
交通运输、仓储和邮政业	0.2	0.2	0.2	0.1	0.1
批发、零售业和住宿、餐饮业	0.9	0.9	0.9	0.9	0.9
其他行业	1.0	0.9	0.9	1.0	1.0
生活消费	2.6	2.4	2.3	2.2	2.3

数据来源：根据表 1－22 数据计算得到。

（三）石油消费

表 1-24　石油消费总量

指标 年份	石油消费总量		人均石油消费量		日均石油消费量	
	绝对额（亿吨）	增速（%）	绝对额（千克/人）	增速（%）	绝对额（万吨/日）	绝对额（万桶/日）
2000	2.25	6.8	178	6.1	61	451
2001	2.30	2.0	180	1.3	63	461
2002	2.48	8.1	194	7.4	68	499
2003	2.76	11.1	214	10.4	76	554
2004	3.21	16.3	247	15.6	88	642
2005	3.25	1.5	250	0.9	89	654
2006	3.49	7.3	266	6.7	96	701
2007	3.67	4.9	278	4.4	100	736
2008	3.73	1.9	282	1.3	102	748
2009	3.87	3.6	290	3.1	106	777
2010	4.41	14.0	330	13.5	121	886
2011	4.56	3.4	339	2.9	125	916
2012	4.78	4.8	354	4.3	131	957
2013	5.00	4.5	368	4.0	137	1004
2014	5.18	3.7	380	3.2	142	1041
2015	5.50	6.1	401	5.6	151	1105

注：每吨按 7.33 桶折算。

数据来源：2000-2014 年数据来自国家统计局《中国能源统计年鉴 2014》《中国能源统计年鉴 2015》；2015 年数据来自国家统计局《能源革命谱新篇 节能降耗见成效——十八大以来我国能源发展状况》。

表1-25　石油消费总量国际比较

单位：亿吨

年份 国家/地区	2010	2011	2012	2013	2014	2014 占比 （%）
世界	40.42	40.85	41.33	41.79	42.11	100.0
OECD	21.16	20.91	20.69	20.57	20.32	48.3
非 OECD	19.26	19.94	20.64	21.22	21.79	51.7
美国	8.50	8.35	8.17	8.32	8.36	19.9
欧盟	6.62	6.43	6.17	6.02	5.93	14.1
中国	**4.38**	**4.60**	**4.83**	**5.04**	**5.20**	**12.4**
日本	2.03	2.04	2.17	2.08	1.97	4.7
印度	1.55	1.63	1.74	1.75	1.81	4.3
俄罗斯	1.34	1.44	1.46	1.47	1.48	3.5
巴西	1.19	1.25	1.27	1.35	1.43	3.4
沙特	1.24	1.25	1.31	1.32	1.42	3.4
德国	1.15	1.12	1.11	1.13	1.12	2.6
韩国	1.05	1.06	1.09	1.08	1.08	2.6
加拿大	1.01	1.05	1.03	1.04	1.03	2.4
伊朗	0.87	0.88	0.90	0.95	0.93	2.2
墨西哥	0.89	0.90	0.92	0.90	0.85	2.0
法国	0.84	0.83	0.80	0.79	0.77	1.8
印尼	0.67	0.72	0.73	0.73	0.74	1.8
英国	0.74	0.71	0.71	0.69	0.69	1.6
新加坡	0.61	0.64	0.63	0.65	0.66	1.6
西班牙	0.70	0.69	0.64	0.59	0.60	1.4
意大利	0.73	0.70	0.64	0.61	0.57	1.3
泰国	0.48	0.49	0.52	0.52	0.53	1.3
澳大利亚	0.44	0.46	0.47	0.47	0.46	1.1
中国台湾	0.45	0.43	0.43	0.43	0.44	1.0

数据来源：BP Statistical Review of World Energy 2015.

表 1－26　日均石油消费量国际比较

单位：万桶

年份 国家/地区	2010	2011	2012	2013	2014	2014 占比 （%）
世界	8787	8897	8985	9124	9209	100.0
OECD	4652	4600	4546	4553	4506	48.3
非 OECD	4135	4297	4438	4571	4703	51.7
美国	1918	1888	1849	1896	1903	19.9
欧盟	1387	1345	1292	1270	1253	14.1
中国	**927**	**979**	**1023**	**1066**	**1106**	**12.4**
日本	444	444	469	452	430	4.7
印度	332	349	369	373	385	4.3
俄罗斯	289	310	314	318	320	3.5
巴西	270	281	286	305	323	3.4
沙特	279	284	299	300	319	3.4
德国	244	237	236	241	237	2.6
韩国	237	239	246	246	246	2.6
加拿大	232	240	237	238	237	2.4
伊朗	187	191	193	204	202	2.2
墨西哥	201	204	206	202	194	2.0
法国	176	173	168	166	162	1.8
印尼	146	157	160	161	164	1.8
英国	159	153	152	149	150	1.6
新加坡	116	122	120	124	127	1.6
西班牙	139	138	128	119	120	1.4
意大利	153	148	135	129	120	1.3
泰国	112	117	124	126	127	1.3
澳大利亚	95	100	103	102	100	1.1
中国台湾	101	95	95	98	99	1.0

数据来源：BP Statistical Review of World Energy 2015.

表 1－27　分地区石油消费量

单位：万吨

年份 地区	2010	2011	2012	2013	2014
全　国	44101	45620	47797	49971	51814
地区加总	46197	49606	52384	50959	52570
北　京	1455	1535	1533	1481	1538
天　津	1283	1516	1619	1542	1615
河　北	1424	1582	1620	1489	1423
山　西	754	759	773	783	747
内蒙古	1161	1348	1278	1021	967
辽　宁	3816	4403	4993	4074	4084
吉　林	994	1079	1002	1020	1014
黑龙江	1892	2128	2252	1848	2000
上　海	3298	3148	3260	3396	3292
江　苏	2570	2573	2935	2814	3048
浙　江	2518	2708	2751	2814	2781
安　徽	638	707	992	1177	1311
福　建	1575	1649	1699	1809	2262
江　西	714	727	780	919	941
山　东	4691	5039	5179	3901	3648
河　南	1334	1525	1693	1951	1978
湖　北	1760	1852	1988	2268	2505
湖　南	1146	1235	1303	1520	1560
广　东	5563	5462	5481	5178	5320
广　西	890	1019	1132	999	1109
海　南	391	402	410	387	419
重　庆	505	622	637	706	704
四　川	1497	1825	1961	2395	2724
贵　州	494	546	562	658	683
云　南	899	975	1070	996	1061
陕　西	1103	1154	1199	1177	1213
甘　肃	608	662	691	872	881
青　海	149	254	243	227	240
宁　夏	204	199	251	264	233
新　疆	869	971	1100	1271	1270

数据来源：国家统计局历年《中国能源统计年鉴》。

表1-28 分行业石油消费量

单位：万吨

年份	农、林、牧、渔业	工业	建筑业	交通运输、仓储和邮政业	批发、零售业和住宿、餐饮业	其他行业	生活消费
2000	789	11249	841	6399	247	1636	1336
2001	839	11295	934	6588	252	1674	1375
2002	922	12169	1047	7217	273	1699	1497
2003	1058	13221	1191	8263	299	1786	1766
2004	1231	14829	1392	10062	349	2002	2208
2005	1452	14030	1502	10928	376	1974	2284
2006	1540	14649	1649	12014	392	2078	2609
2007	1400	14901	1823	12907	427	2216	2981
2008	1266	15285	1517	13627	366	2354	2917
2009	1308	15768	2042	13650	430	2306	3168
2010	1383	18555	2483	15079	481	2578	3542
2011	1466	17986	2582	16221	500	2880	3984
2012	1538	17753	2741	17864	542	3068	4292
2013	1650	17595	3091	18968	565	3350	4752
2014	1718	18218	3312	19547	563	3152	5305

数据来源：国家统计局《中国能源统计年鉴2014》《中国能源统计年鉴2015》。

表1-29　分行业石油消费结构

单位:%

年份	农、林、牧、渔业	工业	建筑业	交通运输、仓储和邮政业	批发、零售业和住宿、餐饮业	其他行业	生活消费
2000	3.5	50.0	3.7	28.4	1.1	7.3	5.9
2001	3.7	49.2	4.1	28.7	1.1	7.3	6.0
2002	3.7	49.0	4.2	29.1	1.1	6.8	6.0
2003	3.8	47.9	4.3	30.0	1.1	6.5	6.4
2004	3.8	46.2	4.3	31.4	1.1	6.2	6.9
2005	4.5	43.1	4.6	33.6	1.2	6.1	7.0
2006	4.4	41.9	4.7	34.4	1.1	5.9	7.5
2007	3.8	40.7	5.0	35.2	1.2	6.0	8.1
2008	3.4	40.9	4.1	36.5	1.0	6.3	7.8
2009	3.4	40.8	5.3	35.3	1.1	6.0	8.2
2010	3.1	42.1	5.6	34.2	1.1	5.8	8.0
2011	3.2	39.4	5.7	35.6	1.1	6.3	8.7
2012	3.2	37.1	5.7	37.4	1.1	6.4	9.0
2013	3.3	35.2	6.2	38.0	1.1	6.7	9.5
2014	3.3	35.2	6.4	37.7	1.1	6.1	10.2

数据来源:根据表1-28数据计算得到。

表 1−30　分行业终端石油消费结构国际比较

单位:%

国家/地区	农、林、渔业	工业与非能源使用	交通运输业	商业和公共服务	其他行业	生活消费
世界	3.1	24.5	63.9	2.4	0.5	5.5
OECD	2.9	23.7	64.9	3.2	0.3	5.0
非 OECD	4.1	30.6	55.1	2.1	0.9	7.2
美国	2.3	17.3	76.3	1.4	0.0	2.7
欧盟	3.0	24.0	60.7	3.5	0.4	8.3
中国	**3.8**	**33.8**	**52.7**	**3.6**	**0.0**	**6.1**
日本	2.2	36.5	43.3	10.6	0.0	7.4
印度	6.5	27.4	47.9	0.8	1.4	16.0
俄罗斯	2.9	40.8	48.9	1.8	0.1	5.8
巴西	5.5	25.6	62.2	0.7	0.0	6.1
沙特	0.0	49.2	49.0	0.0	0.0	1.8
德国	0.0	23.4	53.2	8.3	0.2	15.0
韩国	2.3	55.3	35.0	2.5	1.3	3.5
加拿大	4.9	29.3	59.4	4.1	0.0	2.3
伊朗	5.6	22.3	59.8	3.3	0.0	9.0
墨西哥	4.0	14.8	70.5	2.3	0.0	8.4
法国	5.1	22.0	57.6	3.8	1.1	10.4
印尼	3.3	20.2	64.9	1.3	0.3	10.0
英国	0.5	19.5	73.3	1.2	0.4	5.0
新加坡	0.0	82.1	17.2	0.5	0.0	0.2
西班牙	4.3	18.1	67.1	3.2	0.4	6.9
意大利	4.5	18.3	69.9	1.3	0.2	5.8
泰国	7.8	49.0	37.6	1.8	0.0	3.8
澳大利亚	4.9	20.4	72.1	1.5	0.0	0.9
中国台湾	0.9	62.0	31.7	2.2	0.4	2.8

注:本表数据为 2013 年数据。

数据来源:根据 IEA, World Energy Balances (2015 edition) 相关数据计算得到。

表1-31 主要品种石油消费量

单位：万吨

品种\年份	原油	汽油	煤油	柴油	燃料油	液化石油气	柴汽比
2000	21232	3505	872	6806	3873	1390	1.94
2001	21411	3598	890	7158	3850	1411	1.99
2002	22694	3804	919	7790	3724	1627	2.05
2003	25181	4119	922	8575	4330	1818	2.08
2004	29009	4696	1061	10207	4845	2016	2.17
2005	30089	4855	1077	10975	4244	2046	2.26
2006	32245	5243	1125	11729	4471	2253	2.24
2007	34032	5519	1244	12492	4157	2328	2.26
2008	35510	6146	1294	13545	3237	2119	2.20
2009	38129	6173	1450	13551	2829	2153	2.20
2010	42875	6956	1765	14699	3758	2322	2.11
2011	43966	7596	1817	15635	3663	2470	2.06
2012	46679	8166	1957	16966	3683	2482	2.08
2013	48652	9366	2164	17151	3954	2823	1.83
2014	51547	9776	2335	17165	4401	3290	1.76
2015	54434	–	–	–	–	–	–

注：柴汽比＝柴油消费量/汽油消费量。

数据来源：2000－2014年数据来自国家统计局《中国能源统计年鉴2014》《中国能源统计年鉴2015》；2015年数据根据国家统计局《2015年国民经济和社会发展统计公报》提供的增速计算得到。

表 1－32　分行业汽油消费量

単位：万吨

年份	农、林、牧、渔业	工业	建筑业	交通运输、仓储和邮政业	批发、零售业和住宿、餐饮业	其他行业	生活消费
2000	89	682	116	1528	70	793	228
2001	93	705	117	1564	69	804	245
2002	102	718	112	1658	74	866	274
2003	117	633	114	1962	78	877	339
2004	134	507	156	2334	120	987	457
2005	160	442	172	2430	129	998	524
2006	168	499	181	2592	123	1064	616
2007	173	525	179	2613	132	1120	778
2008	160	586	196	3090	135	1122	855
2009	168	671	235	2882	148	1070	999
2010	169	689	275	3275	168	1166	1214
2011	186	605	283	3574	177	1313	1459
2012	193	581	287	3778	200	1461	1667
2013	199	523	326	4382	221	1819	1896
2014	217	489	331	4665	218	1738	2119

数据来源：国家统计局《中国能源统计年鉴 2014》《中国能源统计年鉴 2015》。

表1－33 分行业汽油消费结构

单位:%

年份	农、林、牧、渔业	工业	建筑业	交通运输、仓储和邮政业	批发、零售业和住宿、餐饮业	其他行业	生活消费
2000	2.5	19.5	3.3	43.6	2.0	22.6	6.5
2001	2.6	19.6	3.2	43.5	1.9	22.4	6.8
2002	2.7	18.9	3.0	43.6	2.0	22.8	7.2
2003	2.8	15.4	2.8	47.6	1.9	21.3	8.2
2004	2.9	10.8	3.3	49.7	2.6	21.0	9.7
2005	3.3	9.1	3.5	50.1	2.7	20.6	10.8
2006	3.2	9.5	3.4	49.4	2.4	20.3	11.7
2007	3.1	9.5	3.2	47.3	2.4	20.3	14.1
2008	2.6	9.5	3.2	50.3	2.2	18.3	13.9
2009	2.7	10.9	3.8	46.7	2.4	17.3	16.2
2010	2.4	9.9	3.9	47.1	2.4	16.8	17.4
2011	2.4	8.0	3.7	47.0	2.3	17.3	19.2
2012	2.4	7.1	3.5	46.3	2.4	17.9	20.4
2013	2.1	5.6	3.5	46.8	2.4	19.4	20.2
2014	2.2	5.0	3.4	47.7	2.2	17.8	21.7

数据来源:根据表1－32数据计算得到。

表 1-34　分行业煤油消费量

单位：万吨

年份	农、林、牧、渔业	工业	建筑业	交通运输、仓储和邮政业	批发、零售业和住宿、餐饮业	其他行业	生活消费
2000	1.5	84.0	4.0	535.9	14.0	160.1	72.2
2001	1.5	86.0	3.5	560.7	12.5	151.1	75.0
2002	1.4	107.4	0.0	716.8	13.0	40.0	40.7
2003	1.4	87.8	0.0	741.7	11.2	43.2	36.4
2004	1.1	60.9	0.0	919.7	3.6	48.2	27.4
2005	1.6	57.5	0.0	952.4	3.7	36.2	25.5
2006	1.5	48.2	0.0	1010.5	3.8	38.0	22.7
2007	0.9	45.2	0.0	1130.0	4.9	43.2	19.5
2008	1.3	49.1	9.7	1174.6	20.8	25.9	12.7
2009	0.8	32.0	10.4	1314.3	29.1	43.7	20.2
2010	0.9	40.2	8.8	1601.1	35.0	58.7	20.5
2011	1.5	34.2	10.8	1646.4	32.2	68.2	23.5
2012	1.2	32.0	7.9	1787.1	28.6	74.2	25.6
2013	1.2	27.4	11.4	1998.2	13.4	84.6	27.9
2014	0.8	17.4	10.4	2216.0	11.3	50.7	28.9

数据来源：国家统计局《中国能源统计年鉴 2014》《中国能源统计年鉴 2015》。

表 1-35 分行业煤油消费结构

单位:%

年份	农、林、牧、渔业	工业	建筑业	交通运输、仓储和邮政业	批发、零售业和住宿、餐饮业	其他行业	生活消费
2000	0.2	9.6	0.5	61.5	1.6	18.4	8.3
2001	0.2	9.7	0.4	63.0	1.4	17.0	8.4
2002	0.2	11.7	0.0	78.0	1.4	4.4	4.4
2003	0.1	9.5	0.0	80.5	1.2	4.7	3.9
2004	0.1	5.7	0.0	86.7	0.3	4.5	2.6
2005	0.1	5.3	0.0	88.4	0.3	3.4	2.4
2006	0.1	4.3	0.0	89.8	0.3	3.4	2.0
2007	0.1	3.6	0.0	90.9	0.4	3.5	1.6
2008	0.1	3.8	0.7	90.8	1.6	2.0	1.0
2009	0.1	2.2	0.7	90.6	2.0	3.0	1.4
2010	0.1	2.3	0.5	90.7	2.0	3.3	1.2
2011	0.1	1.9	0.6	90.6	1.8	3.8	1.3
2012	0.1	1.6	0.4	91.3	1.5	3.8	1.3
2013	0.1	1.3	0.5	92.3	0.6	3.9	1.3
2014	0.0	0.7	0.4	94.9	0.5	2.2	1.2

数据来源:根据表 1-34 数据计算得到。

表1-36 分行业柴油消费量

单位：万吨

年份	农、林、牧、渔业	工业	建筑业	交通运输、仓储和邮政业	批发、零售业和住宿、餐饮业	其他行业	生活消费
2000	697	1696	206	3294	96	639	178
2001	743	1800	223	3421	98	674	199
2002	819	1879	242	3785	111	740	214
2003	939	1721	276	4435	106	820	278
2004	1092	1884	333	5497	109	918	374
2005	1286	1710	387	6169	116	900	406
2006	1366	1725	429	6677	130	933	470
2007	1219	1813	434	7339	134	1007	545
2008	1099	2181	371	7997	153	1152	592
2009	1134	2044	415	7992	182	1132	653
2010	1207	2090	490	8658	197	1287	771
2011	1272	1824	519	9485	212	1428	895
2012	1335	1748	518	10727	229	1445	964
2013	1442	1676	557	10921	234	1340	982
2014	1492	1595	552	11043	230	1269	984

数据来源：国家统计局《中国能源统计年鉴2014》《中国能源统计年鉴2015》。

表1-37　分行业柴油消费结构

单位:%

年份	农、林、牧、渔业	工业	建筑业	交通运输、仓储和邮政业	批发、零售业和住宿、餐饮业	其他行业	生活消费
2000	10.2	24.9	3.0	48.4	1.4	9.4	2.6
2001	10.4	25.1	3.1	47.8	1.4	9.4	2.8
2002	10.5	24.1	3.1	48.6	1.4	9.5	2.7
2003	11.0	20.1	3.2	51.7	1.2	9.6	3.2
2004	10.7	18.5	3.3	53.9	1.1	9.0	3.7
2005	11.7	15.6	3.5	56.2	1.1	8.2	3.7
2006	11.6	14.7	3.7	56.9	1.1	8.0	4.0
2007	9.8	14.5	3.5	58.8	1.1	8.1	4.4
2008	8.1	16.1	2.7	59.0	1.1	8.5	4.4
2009	8.4	15.1	3.1	59.0	1.3	8.4	4.8
2010	8.2	14.2	3.3	58.9	1.3	8.8	5.2
2011	8.1	11.7	3.3	60.7	1.4	9.1	5.7
2012	7.9	10.3	3.1	63.2	1.3	8.5	5.7
2013	8.4	9.8	3.2	63.7	1.4	7.8	5.7
2014	8.7	9.3	3.2	64.3	1.3	7.4	5.7

数据来源:根据表1-36数据计算得到。

(四) 天然气消费

表 1-38　天然气消费总量

指标 年份	消费总量		人均消费量		日均消费量	
	绝对额（亿立方米）	增速（%）	绝对额（立方米/人）	增速（%）	绝对额（亿立方米/日）	增速（%）
2000	245	14.0	19	13.1	0.67	13.7
2001	274	11.9	22	11.1	0.75	12.3
2002	292	6.4	23	5.7	0.80	6.4
2003	339	16.2	26	15.5	0.93	16.2
2004	397	17.0	31	16.3	1.08	16.7
2005	466	17.5	36	16.8	1.28	17.8
2006	573	23.0	44	22.3	1.57	23.0
2007	705	23.0	54	22.4	1.93	23.0
2008	813	15.3	61	14.7	2.22	15.0
2009	895	10.1	67	9.6	2.45	10.4
2010	1080	20.7	81	20.1	2.96	20.7
2011	1341	24.1	100	23.6	3.67	24.1
2012	1497	11.6	111	11.1	4.09	11.3
2013	1705	13.9	126	13.4	4.67	14.2
2014	1869	9.6	137	9.0	5.12	9.6
2015	1930	3.3	141	2.7	5.29	3.3

注：从 2010 年起包括液化天然气数据。

数据来源：2000-2014 年数据来自国家统计局《中国能源统计年鉴 2014》《中国能源统计年鉴 2015》；2015 年数据来自国家统计局《能源革命谱新篇 节能降耗见成效——十八大以来我国能源发展状况》。

表1-39 天然气消费总量国际比较

单位：亿立方米

年份 国家/地区	2010	2011	2012	2013	2014	2014 占比 （%）
世界	31937	32653	33458	33810	33930	100.0
OECD	15524	15421	15804	16097	15786	46.7
非OECD	16413	17232	17654	17713	18143	53.3
美国	6821	6931	7232	7399	7594	22.7
俄罗斯	4141	4246	4162	4135	4092	12.0
欧盟	5020	4518	4449	4379	3869	11.4
中国	**1105**	**1349**	**1512**	**1708**	**1855**	**5.4**
伊朗	1529	1624	1615	1594	1702	5.0
日本	945	1055	1135	1135	1125	3.3
沙特	877	923	993	1000	1082	3.2
加拿大	950	1009	1003	1039	1042	3.1
墨西哥	725	766	799	847	858	2.5
德国	833	745	784	825	709	2.1
阿联酋	608	632	656	668	693	2.0
英国	942	782	739	734	667	2.0
意大利	762	714	687	642	568	1.7
泰国	451	466	513	523	527	1.5
印度	627	635	592	514	506	1.5
乌兹别克斯坦	408	476	472	468	488	1.4
土耳其	390	447	453	456	486	1.4
埃及	451	496	526	514	480	1.4
韩国	430	463	502	525	478	1.4
阿根廷	433	457	470	477	472	1.4
卡塔尔	300	382	410	410	448	1.3
巴基斯坦	423	423	437	427	420	1.2
马来西亚	345	348	355	403	410	1.2
巴西	268	267	317	373	396	1.2
乌克兰	522	537	496	456	384	1.1
印尼	434	421	422	365	384	1.1
阿尔及利亚	263	278	310	334	375	1.1
法国	469	405	422	428	359	1.1

数据来源：BP Statistical Review of World Energy 2015.

表1-40　分地区天然气消费量

单位：亿立方米

年份 地区	2010	2011	2012	2013	2014
全　国	1080	1341	1497	1705	1869
地区加总	1156	1319	1502	1648	1825
北　京	74.8	73.6	92.1	98.8	113.7
天　津	23.1	26.0	32.6	37.8	45.5
河　北	29.7	35.1	45.1	49.9	56.1
山　西	28.9	31.9	37.4	45.1	50.3
内蒙古	45.3	40.8	37.8	43.5	44.5
辽　宁	19.1	39.1	63.7	78.7	84.0
吉　林	22.0	19.4	22.8	24.1	22.6
黑龙江	29.9	31.0	33.7	34.8	35.5
上　海	45.1	55.4	64.4	72.9	72.4
江　苏	72.1	93.7	113.1	124.5	127.7
浙　江	32.6	43.9	48.1	56.7	78.2
安　徽	12.5	20.1	24.9	27.8	34.5
福　建	29.1	37.9	37.5	49.4	50.3
江　西	5.3	6.3	10.0	13.4	15.2
山　东	47.8	52.9	67.2	68.8	75.0
河　南	47.2	55.0	73.9	79.8	76.9
湖　北	19.6	24.9	29.3	32.0	40.2
湖　南	11.9	15.3	18.8	20.5	24.4
广　东	95.7	114.5	116.5	124.0	133.8
广　西	1.8	2.5	3.2	4.5	8.3
海　南	29.7	48.9	47.5	46.0	46.0
重　庆	56.6	61.8	71.0	72.2	82.1
四　川	175.4	156.1	153.0	148.3	165.2
贵　州	4.2	4.8	5.3	8.4	10.6
云　南	3.6	4.2	4.3	4.3	4.6
陕　西	59.2	62.5	66.0	70.3	74.3
甘　肃	14.4	15.9	20.3	23.2	25.2
青　海	23.7	32.1	40.1	41.6	40.6
宁　夏	15.5	18.6	20.5	19.6	17.9
新　疆	80.2	95.0	102.0	127.4	169.9

注：2010年起包括液化天然气数据。

数据来源：国家统计局历年《中国能源统计年鉴》。

表1-41　分行业天然气消费量

单位：亿立方米

年份	农、林、牧、渔业	工业	建筑业	交通运输、仓储和邮政业	批发、零售业和住宿、餐饮业	其他行业	生活消费
2000	—	199.0	0.8	8.8	3.4	0.6	32.3
2001	—	214.8	0.7	11.0	5.0	0.7	42.1
2002	—	222.5	0.7	16.4	6.1	—	46.2
2003	—	251.4	0.7	18.8	6.9	9.4	51.9
2004	—	278.6	1.4	26.2	9.2	14.1	67.2
2005	—	327.2	1.5	38.0	10.8	9.1	79.4
2006	—	398.9	1.7	44.2	13.2	12.8	102.6
2007	—	479.7	2.1	46.9	17.1	16.1	143.4
2008	—	531.6	1.0	71.6	17.8	20.9	170.1
2009	—	577.9	1.0	91.1	24.0	23.6	177.7
2010	0.5	691.8	1.2	106.7	27.2	26.0	226.9
2011	0.6	875.7	1.3	138.3	33.6	27.1	264.4
2012	0.6	980.7	1.3	154.5	38.7	32.9	288.3
2013	0.7	1129.1	2.0	175.8	39.3	35.6	322.9
2014	0.8	1221.3	1.9	214.4	46.6	41.3	342.6

注：2010年起包括液化天然气数据。

数据来源：国家统计局《中国能源统计年鉴2014》《中国能源统计年鉴2015》。

表1-42 分行业天然气消费结构

单位:%

年份	农、林、牧、渔业	工业	建筑业	交通运输、仓储和邮政业	批发、零售业和住宿、餐饮业	其他行业	生活消费
2000	–	81.2	0.3	3.6	1.4	0.3	13.2
2001	–	78.3	0.3	4.0	1.8	0.3	15.4
2002	–	76.3	0.2	5.6	2.1	–	15.8
2003	–	74.1	0.2	5.6	2.0	2.8	15.3
2004	–	70.2	0.4	6.6	2.3	3.6	16.9
2005	–	70.2	0.3	8.2	2.3	2.0	17.0
2006	–	69.6	0.3	7.7	2.3	2.2	17.9
2007	–	68.0	0.3	6.6	2.4	2.3	20.3
2008	–	65.4	0.1	8.8	2.2	2.6	20.9
2009	–	64.6	0.1	10.2	2.7	2.6	19.8
2010	0.0	64.0	0.1	9.9	2.5	2.4	21.0
2011	0.0	65.3	0.1	10.3	2.5	2.0	19.7
2012	0.0	65.5	0.1	10.3	2.6	2.2	19.3
2013	0.0	66.2	0.1	10.3	2.3	2.1	18.9
2014	0.0	65.3	0.1	11.5	2.5	2.2	18.3

数据来源:根据表1-41数据计算得到。

表1-43 分用途天然气消费量

单位：亿立方米

年份	火力发电	供热	炼油及煤制油	制气	损失	终端消费
2000	15.21	14.25	0.00	0.00	6.66	208.91
2001	13.00	16.41	0.00	0.00	6.22	238.67
2002	11.05	17.02	0.00	0.00	6.33	257.44
2003	13.24	14.00	0.00	0.00	6.65	305.19
2004	19.03	20.37	0.00	0.00	7.76	349.56
2005	30.12	23.17	0.00	4.10	10.33	398.36
2006	57.56	16.23	0.00	5.61	9.90	484.03
2007	80.68	19.83	0.00	4.23	11.11	589.38
2008	81.97	21.40	0.00	6.04	13.83	689.69
2009	134.24	25.70	0.00	3.07	21.76	710.43
2010	184.92	29.17	0.00	3.92	20.05	842.18
2011	224.98	29.27	0.00	3.11	18.92	1056.02
2012	229.11	34.32	2.17	2.75	23.20	1205.46
2013	241.93	42.82	5.92	2.35	20.68	1391.67
2014	252.42	52.96	4.67	1.78	24.98	1532.12

注：2010年起包括液化天然气数据；1万吨LNG折合0.138亿立方米天然气；损失包括液化损失和储运过程中的损失。

数据来源：国家统计局《中国能源统计年鉴2014》《中国能源统计年鉴2015》。

表 1-44 分用途天然气消费结构

单位:%

年份	火力发电	供热	炼油及煤制油	制气	损失	终端消费
2000	6.2	5.8	0.0	0.0	2.7	85.3
2001	4.7	6.0	0.0	0.0	2.3	87.0
2002	3.8	5.8	0.0	0.0	2.2	88.2
2003	3.9	4.1	0.0	0.0	2.0	90.0
2004	4.8	5.1	0.0	0.0	2.0	88.1
2005	6.5	5.0	0.0	0.9	2.2	85.5
2006	10.0	2.8	0.0	1.0	1.7	84.4
2007	11.4	2.8	0.0	0.6	1.6	83.6
2008	10.1	2.6	0.0	0.7	1.7	84.8
2009	15.0	2.9	0.0	0.3	2.4	79.4
2010	17.1	2.7	0.0	0.4	1.9	78.0
2011	16.8	2.2	0.0	0.2	1.4	78.7
2012	15.3	2.3	0.1	0.2	1.5	80.5
2013	14.2	2.5	0.3	0.1	1.2	81.6
2014	13.5	2.8	0.2	0.1	1.3	82.0

数据来源:根据表 1-43 数据计算得到。

表 1-45 分用途天然气消费结构国际比较

单位:%

国家/地区	发电	热电联产	供热	其他转化	能源工业自用	损失	终端消费
世界	25.6	11.1	3.4	0.8	10.4	0.7	48.0
OECD	26.6	7.7	0.6	0.3	10.5	0.2	54.1
非OECD	24.7	14.1	5.8	1.2	10.3	1.2	42.6
美国	27.2	6.7	0.0	0.0	11.4	0.0	54.6
俄罗斯	0.6	45.0	18.1	0.4	2.8	1.2	31.8
欧盟	10.1	13.8	2.3	0.3	4.0	0.5	68.8
中国	**14.3**	**0.0**	**2.6**	**0.1**	**14.7**	**0.9**	**67.3**
伊朗	27.8	0.0	0.0	0.0	6.8	0.0	65.4
日本	64.9	0.0	0.3	0.0	4.2	0.0	30.5
沙特	56.2	0.0	0.0	0.0	4.0	0.0	39.8
加拿大	12.2	2.1	0.0	3.3	30.0	0.8	51.5
墨西哥	48.8	6.2	0.0	0.0	24.8	0.0	20.1
德国	3.7	14.6	3.3	0.0	1.7	0.0	76.6
阿联酋	50.1	0.0	0.0	0.0	1.1	0.0	48.8
英国	19.9	3.9	2.7	0.0	6.4	0.9	66.2
意大利	11.9	23.3	0.0	0.0	2.0	0.7	62.2
泰国	55.5	0.0	0.0	0.0	25.7	0.0	18.8
印度	31.0	0.0	0.0	0.0	9.1	0.0	59.8
乌兹别克斯坦	16.1	16.5	4.7	0.0	3.6	3.3	55.8
土耳其	41.1	5.3	0.0	0.4	3.0	0.0	50.2
埃及	57.0	0.0	0.0	0.0	13.0	0.0	30.0
韩国	35.3	12.8	0.2	0.0	0.5	0.0	51.2
阿根廷	33.5	0.0	0.0	0.0	13.7	0.6	52.2
卡塔尔	18.7	0.0	0.0	31.3	32.9	0.0	17.1
巴基斯坦	24.8	0.0	0.0	0.0	0.8	3.4	71.0
马来西亚	43.6	0.0	0.0	3.0	17.6	4.3	31.5
巴西	34.3	6.9	0.0	2.7	14.9	1.2	40.1
乌克兰	0.8	12.3	20.5	0.0	2.0	1.2	63.2
印尼	29.2	0.0	0.0	0.0	19.2	7.8	43.8
阿尔及利亚	40.3	0.0	0.0	0.0	16.2	3.2	40.3
法国	3.4	5.7	1.8	0.0	2.5	1.1	85.4

注:本表数据为 2013 年数据。

数据来源:IEA,World Energy Statistics(2015 edition).

（五）电力消费

表1-46　全社会用电量

指标 年份	全社会用电量		人均用电量		日均用电量	
	绝对额 （亿千 瓦时）	增速 （％）	绝对额 （千瓦 时/人）	增速 （％）	绝对额 （亿千瓦 时/日）	增速 （％）
2000	13466	－	1067	－	37	－
2001	14683	9.0	1154	8.2	40	9.3
2002	16386	11.6	1280	10.9	45	11.6
2003	18891	15.3	1466	14.6	52	15.3
2004	21761	15.2	1679	14.5	59	14.9
2005	24781	13.9	1906	13.2	68	14.2
2006	28368	14.5	2164	13.8	78	14.5
2007	32565	14.8	2471	14.2	89	14.8
2008	34380	5.6	2595	5.0	94	5.3
2009	36598	6.5	2749	5.9	100	6.7
2010	41999	14.8	3140	14.2	115	14.8
2011	47022	12.0	3498	11.4	129	12.0
2012	49658	5.6	3676	5.1	136	5.3
2013	53423	7.6	3936	7.1	146	7.9
2014	55213	3.4	4047	2.8	151	3.4
2015	55500	0.5	4047	0.0	152	0.5

数据来源：2000－2013年数据来自中国电力企业联合会历年《电力工业统计资料汇编》；2014－2015年数据来自中国电力企业联合会《2015年全国电力工业统计快报》。

表1-47 全社会用电量国际比较

国家/地区	2010年 用电量（亿千瓦时）	2011年 用电量（亿千瓦时）	2012年 用电量（亿千瓦时）	2013年 用电量（亿千瓦时）	2013年 人均用电量（千瓦时/人）	2013年 占比（%）
世界	215677	222519	227560	234405	3293	100
OECD	109399	108783	108400	108602	8613	46.3
非OECD	106279	113736	119160	125703	2146	53.6
中国	**41943**	**47028**	**49828**	**54359**	**4005**	**23.2**
美国	44044	43868	43378	43652	13793	18.6
印度	9850	10797	11324	11991	959	5.1
俄罗斯	10268	10322	10528	10454	7311	4.5
日本	11171	10513	10343	10453	8209	4.5
巴西	5504	5685	5928	6099	2986	2.6
德国	6180	6093	6093	6010	7320	2.6
加拿大	5771	6014	5875	5903	17124	2.5
韩国	4993	5228	5349	5424	10792	2.3
法国	5385	5073	5231	5256	7952	2.2
英国	3844	3737	3759	3736	5827	1.6
意大利	3462	3483	3424	3319	5510	1.4
墨西哥	2706	2955	2923	2991	2417	1.3
沙特	2393	2493	2709	2840	9404	1.2
西班牙	2926	2886	2872	2772	5946	1.2
伊朗	2291	2348	2469	2628	3406	1.1
中国台湾	2472	2524	2507	2523	10821	1.1
澳大利亚	2522	2526	2489	2491	10771	1.1
南非	2575	2571	2501	2484	4673	1.1
土耳其	2104	2303	2424	2464	3285	1.1

数据来源：IEA，World Energy Statistics（2015 edition）.

表 1-48 分地区用电量

单位：亿千瓦时

年份 地区	2010	2011	2012	2013	2014
北 京	810	822	874	913	937
天 津	646	695	722	774	794
河 北	2692	2985	3078	3251	3314
山 西	1460	1650	1766	1832	1823
内蒙古	1537	1864	2017	2182	2417
辽 宁	1715	1862	1900	2008	2039
吉 林	577	630	637	654	668
黑龙江	748	802	828	845	859
上 海	1296	1340	1353	1411	1369
江 苏	3864	4282	4581	4957	5013
浙 江	2821	3117	3211	3453	3506
安 徽	1078	1221	1361	1528	1585
福 建	1315	1516	1580	1701	1856
江 西	701	835	868	947	1019
山 东	3298	3635	3795	4083	4223
河 南	2354	2659	2748	2899	2920
湖 北	1330	1451	1508	1630	1657
湖 南	1172	1293	1347	1423	1431
广 东	4060	4399	4619	4830	5235
广 西	993	1112	1154	1238	1308
海 南	159	185	211	232	252
重 庆	626	717	724	813	867
四 川	1549	1751	1831	1949	2015
贵 州	835	944	1047	1126	1174
云 南	1004	1204	1316	1460	1529
西 藏	20	24	28	31	34
陕 西	859	982	1067	1152	1226
甘 肃	804	923	995	1073	1095
青 海	465	561	602	676	723
宁 夏	547	725	742	811	849
新 疆	662	839	1152	1540	1900

数据来源：中国电力企业联合会历年《电力工业统计资料汇编》。

表 1-49　分行业用电量

单位：亿千瓦时

行业＼年份	2010	2011	2012	2013	2014
第一产业	976	1013	1013	1027	1013
第二产业	31355	35263	36841	39912	41524
其中：工业	30872	34692	36232	39237	40803
1. 纺织业	1277	1379	1449	1533	1541
2. 化学原料及化学制品制造业	3145	3528	3936	4341	4628
3. 非金属矿物制品业	2448	2918	2951	3148	3324
4. 黑色金属冶炼及压延加工业	4612	5248	5221	5704	5796
5. 有色金属冶炼及压延加工业	3129	3502	3819	4114	4399
6. 金属制品业	961	959	1038	1213	1303
7. 通用及专用设备制造业	939	1076	1088	1155	1235
8. 交通运输、电气、电子设备制造业	1969	2184	2198	2344	2467
9. 电力、热力的生产和供应业	5688	6512	6567	7184	7291
第三产业	4478	5105	5691	6275	6670
居民生活	5125	5620	6219	6989	7176

数据来源：国家统计局《中国能源统计年鉴 2015》。

表 1-50 分行业用电结构

单位:%

年份 行业	2010	2011	2012	2013	2014
第一产业	2.3	2.2	2.0	1.9	1.8
第二产业	74.8	75.0	74.0	73.6	73.6
其中:工业	73.6	73.8	72.8	72.4	72.4
1. 纺织业	3.0	2.9	2.9	2.8	2.7
2. 化学原料和化学制品制造业	7.5	7.5	7.9	8.0	8.2
3. 非金属矿物制品业	5.8	6.2	5.9	5.8	5.9
4. 黑色金属冶炼和压延加工业	11.0	11.2	10.5	10.5	10.3
5. 有色金属冶炼和压延加工业	7.5	7.5	7.7	7.6	7.8
6. 金属制品业	2.3	2.0	2.1	2.2	2.3
7. 通用及专用设备制造业	2.2	2.3	2.2	2.1	2.2
8. 交通运输、电气、电子设备制造业	4.7	4.6	4.4	4.3	4.4
9. 电力、热力的生产和供应业	13.6	13.9	13.2	13.3	12.9
第三产业	10.7	10.9	11.4	11.6	11.8
居民生活	12.2	12.0	12.5	12.9	12.7

数据来源:根据表 1-49 数据计算得到。

· 52 ·

表 1-51 终端电力消费结构国际比较

单位:%

国家/地区	农、林、渔业	工业	交通运输业	商业与公共服务	生活	其他
世界	2.8	42.3	1.5	22.4	27.0	4.0
OECD	1.3	31.7	1.1	31.8	31.5	2.6
非 OECD	4.2	52.0	1.9	13.7	22.9	5.3
中国	**2.3**	**67.0**	**1.3**	**6.0**	**15.5**	**7.9**
美国	0.8	22.4	0.2	35.4	36.8	4.4
印度	18.0	42.1	1.7	9.3	23.3	5.6
俄罗斯	2.0	45.2	12.2	21.8	18.8	0.0
日本	0.1	28.6	1.9	38.0	30.0	1.4
德国	0.0	43.3	2.3	28.1	26.3	0.0
巴西	5.0	43.1	0.5	25.8	25.6	0.0
加拿大	2.0	37.2	1.0	20.6	32.4	6.8
韩国	2.7	52.5	0.5	31.2	13.1	0.0
法国	2.0	25.3	2.9	31.3	38.1	0.4
英国	1.2	30.9	1.3	30.8	35.8	0.0
意大利	2.0	40.0	3.7	31.0	23.3	0.0
墨西哥	4.3	56.9	0.4	9.5	21.7	7.2
西班牙	1.7	30.2	1.8	33.4	31.2	1.7
沙特	1.7	16.9	0.0	30.5	50.6	0.3
中国台湾	1.2	58.3	0.6	12.7	19.2	8.0
南非	2.9	59.4	1.9	14.3	19.7	1.7
澳大利亚	1.1	38.4	1.9	29.3	29.3	0.0
伊朗	15.9	36.2	0.2	15.2	30.7	1.8
土耳其	2.5	46.6	0.4	27.6	22.9	0.0

注：本表数据为 2013 年数据。

数据来源：根据 IEA，World Energy Statistics（2015 edition）相关数据计算得到。

表 1-52 各地区分行业用电结构

单位:%

地 区	第一产业	第二产业	其中:工业	第三产业	居民生活
北 京	2.0	34.4	25.5	45.5	18.1
天 津	1.8	73.1	65.5	15.6	9.5
河 北	2.9	76.2	69.0	10.3	10.6
山 西	2.1	80.8	74.2	8.8	8.4
内蒙古	1.6	89.0	88.6	4.4	5.0
辽 宁	1.5	75.7	68.9	12.3	10.5
吉 林	1.6	67.6	66.0	15.6	15.2
黑龙江	4.6	63.0	55.5	12.7	19.7
上 海	0.5	59.9	51.9	26.9	12.7
江 苏	0.9	78.3	73.2	10.8	9.9
浙 江	0.7	75.6	70.0	11.7	12.0
安 徽	0.9	72.3	64.3	12.0	14.8
福 建	1.3	68.3	61.2	11.9	18.6
江 西	1.0	69.9	62.1	12.5	16.6
山 东	2.1	77.4	76.5	9.3	11.1
河 南	2.9	75.4	68.4	9.6	12.1
湖 北	1.6	72.5	65.5	11.8	14.1
湖 南	1.4	65.9	56.9	13.0	19.8
广 东	1.7	67.1	60.7	15.7	15.5
广 西	1.9	69.7	62.3	10.2	18.2
海 南	4.4	52.5	42.8	25.7	17.4
重 庆	0.2	67.5	59.4	16.5	15.7
四 川	0.6	71.2	60.7	12.4	15.8
贵 州	0.4	75.4	65.2	7.9	16.3
云 南	0.9	76.7	67.5	9.1	13.3
陕 西	3.1	67.2	64.8	15.2	14.5
甘 肃	4.5	79.7	73.5	9.2	6.7
青 海	0.2	93.4	89.6	3.4	3.0
宁 夏	1.8	91.8	87.7	3.8	2.7
新 疆	7.4	83.7	75.6	5.1	3.8

注:本表数据为 2014 年数据。

数据来源:根据国家统计局《中国能源统计年鉴 2015》相关数据计算得到。

二、能源投资

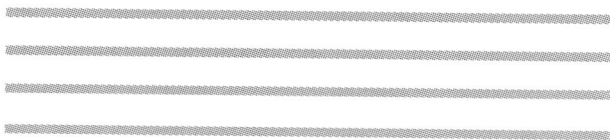

表2－1　能源工业分行业投资

单位：亿元

年份	能源工业投资总额	煤炭开采和洗选业	石油和天然气开采业	电力、蒸汽、热水生产和供应业	石油加工及炼焦业	煤气生产和供应业	能源工业投资额占全社会固定资产投资额比重（％）
2000	3991	211	789	2744	173	74	12.1
2001	3818	222	810	2468	242	77	10.3
2002	4262	301	815	2823	236	87	9.8
2003	5508	436	946	3804	322	152	9.9
2004	7505	690	1112	5064	638	210	10.6
2005	10206	1163	1464	6503	801	275	11.5
2006	11826	1459	1822	7274	939	331	10.8
2007	13699	1805	2225	7907	1415	347	10.0
2008	16346	2399	2675	9024	1828	420	9.5
2009	19478	3057	2791	11139	1840	651	8.7
2010	21627	3785	2928	11915	2035	964	8.6
2011	23046	4907	3022	11603	2268	1244	7.4
2012	25500	5370	3077	12948	2500	1605	6.8
2013	29009	5213	3821	14726	3039	2210	6.5
2014	31515	4684	3948	17432	3208	2242	6.2

数据来源：国家统计局历年《中国能源统计年鉴》《中国统计年鉴》。

表 2-2 能源工业分行业投资构成

单位:%

年份	煤炭开采和洗选业	石油和天然气开采业	电力、蒸汽、热水生产和供应业	石油加工及炼焦业	煤气生产和供应业
2000	5.3	19.8	68.8	4.3	1.9
2001	5.8	21.2	64.6	6.3	2.0
2002	7.1	19.1	66.2	5.5	2.0
2003	7.9	17.2	69.1	5.9	2.8
2004	9.2	14.8	67.5	8.5	2.8
2005	11.4	14.3	63.7	7.9	2.7
2006	12.3	15.4	61.5	7.9	2.8
2007	13.2	16.3	57.7	10.3	2.5
2008	14.7	16.4	55.2	11.2	2.6
2009	15.7	14.3	57.2	9.5	3.3
2010	17.5	13.5	55.1	9.4	4.5
2011	21.3	13.1	50.4	9.8	5.4
2012	21.1	12.1	50.8	9.8	6.3
2013	18.0	13.2	50.8	9.8	5.4
2014	14.9	12.5	55.3	10.2	7.1

数据来源：国家统计局历年《中国能源统计年鉴》。

表 2-3　分地区能源工业投资

单位：亿元

地区 ＼ 年份	2010	2011	2012	2013	2014
北　京	134	141	192	230	258
天　津	546	431	447	591	596
河　北	883	963	1051	1202	1296
山　西	1521	1919	2113	2098	2313
内蒙古	2093	1903	1827	2331	2887
辽　宁	1191	960	1059	1094	970
吉　林	774	616	739	663	758
黑龙江	1014	983	1113	991	835
上　海	199	145	160	143	165
江　苏	479	598	840	908	1019
浙　江	430	529	623	756	881
安　徽	527	481	624	606	614
福　建	637	630	728	877	946
江　西	281	331	298	350	368
山　东	972	1133	1275	1559	2047
河　南	773	827	785	868	764
湖　北	512	518	491	511	510
湖　南	496	601	607	677	774
广　东	966	891	999	1148	1310
广　西	368	421	473	560	560
海　南	61	101	124	128	167
重　庆	316	343	483	575	680
四　川	1050	1315	1427	1429	1574
贵　州	467	704	513	586	584
云　南	832	891	1086	1184	1073
西　藏	53	64	90	167	229
陕　西	1043	1235	1343	1787	1676
甘　肃	667	638	851	1094	1138
青　海	142	232	295	397	429
宁　夏	351	414	422	439	606
新　疆	988	1234	1491	2101	2603

数据来源：国家统计局《中国能源统计年鉴 2015》。

表2-4 分地区煤炭采选业投资

单位：亿元

年份 地区	2010	2011	2012	2013	2014
北　京	2.6	2.7	—	2.4	1.3
天　津	—	3.7	—	—	—
河　北	114.1	135.0	164.2	143.5	127.1
山　西	929.5	1240.2	1352.2	1158.0	1078.1
内蒙古	528.4	588.7	674.4	852.2	863.8
辽　宁	69.9	62.4	72.3	50.1	50.0
吉　林	59.9	88.1	97.7	56.3	40.1
黑龙江	201.1	171.7	207.9	193.2	101.1
上　海	—	—	—	—	—
江　苏	17.5	13.9	17.9	5.6	15.7
浙　江	—	—	0.2	0.2	0.6
安　徽	194.0	142.0	206.0	145.9	126.3
福　建	18.9	43.7	62.2	90.2	75.0
江　西	37.8	78.6	64.8	49.6	47.7
山　东	97.3	93.6	79.4	59.9	77.4
河　南	231.9	296.1	247.6	187.3	145.5
湖　北	19.3	45.6	45.9	51.2	39.7
湖　南	146.3	182.2	223.0	241.7	252.5
广　东	0.5	0.5	—	—	0.6
广　西	11.4	21.5	25.2	14.6	12.7
海　南	—	—	—	—	2.3
重　庆	69.9	89.8	92.0	99.3	81.1
四　川	139.4	252.5	261.1	186.7	174.6
贵　州	171.8	360.0	229.1	248.9	174.5
云　南	74.9	106.4	175.8	227.3	167.2
西　藏	—	—	0.2	0.7	0.0
陕　西	316.0	507.1	593.2	582.4	462.1
甘　肃	77.0	111.9	138.5	168.3	117.1
青　海	9.4	14.4	23.8	34.3	41.2
宁　夏	110.7	119.8	143.8	159.3	155.4
新　疆	135.3	135.3	171.9	203.5	253.9

数据来源：国家统计局《中国能源统计年鉴2015》。

表2-5　分地区石油和天然气开采业投资

单位：亿元

年份\地区	2010	2011	2012	2013	2014
北　京	0.1	0.1	—	1.1	0.6
天　津	306.4	219.8	172.0	286.6	303.8
河　北	33.5	36.8	26.8	39.7	40.7
山　西	21.6	65.7	88.3	111.6	140.6
内蒙古	196.6	96.5	53.6	141.3	159.1
辽　宁	145.8	110.4	90.7	131.5	96.0
吉　林	242.4	160.1	228.4	177.9	253.7
黑龙江	339.9	350.3	312.6	338.9	307.0
上　海	0.3	0.6	—	—	—
江　苏	27.3	15.0	28.2	32.1	35.9
浙　江	—	—	—	—	—
安　徽	1.6	1.0	0.7	2.0	3.4
福　建	—	—	—	—	11.9
江　西	—	—	—	—	—
山　东	219.1	289.6	283.6	289.1	298.9
河　南	71.5	59.0	59.5	50.3	42.1
湖　北	3.6	4.5	0.6	3.2	0.8
湖　南	0.4	2.1	—	0.3	—
广　东	12.3	30.9	28.2	89.2	135.5
广　西	1.8	4.9	0.4	1.9	2.2
海　南	0.3	11.4	3.0	3.3	5.7
重　庆	8.9	23.5	12.2	33.0	115.0
四　川	10.5	—	6.2	13.5	14.4
贵　州	—	1.1	—	—	—
云　南	0.8	0.2	—	—	—
西　藏	—	—	—	—	—
陕　西	256.0	301.3	299.5	502.8	394.3
甘　肃	11.7	21.0	75.2	115.7	121.2
青　海	39.4	34.5	39.9	62.3	59.9
宁　夏	1.6	1.0	0.9	8.0	4.5
新　疆	387.9	431.4	440.5	525.3	605.6

数据来源：国家统计局《中国能源统计年鉴2015》。

表 2-6 分地区石油加工及炼焦业投资

单位：亿元

地区＼年份	2010	2011	2012	2013	2014
北　京	5.8	6.7	8.7	11.4	4.2
天　津	51.0	14.5	26.5	34.2	41.0
河　北	155.3	137.0	215.2	309.0	250.1
山　西	96.4	98.4	101.8	197.1	170.2
内蒙古	90.2	158.9	126.1	204.6	228.3
辽　宁	266.9	189.6	230.8	216.1	179.2
吉　林	18.3	21.6	30.6	20.6	30.0
黑龙江	100.7	126.7	105.8	63.8	32.1
上　海	24.8	26.6	36.9	3.3	7.1
江　苏	60.6	72.4	117.0	103.3	134.5
浙　江	21.2	22.4	24.4	47.4	75.8
安　徽	25.3	68.5	59.7	30.8	30.8
福　建	168.4	111.3	146.3	173.2	85.0
江　西	15.2	29.3	26.1	62.4	41.8
山　东	179.0	201.6	287.3	362.0	529.3
河　南	74.8	96.3	77.1	69.1	59.2
湖　北	83.4	129.4	116.1	85.0	54.8
湖　南	34.6	33.1	19.0	23.1	22.4
广　东	55.4	75.5	116.7	143.8	218.2
广　西	63.1	67.7	56.0	85.2	49.2
海　南	2.1	1.1	29.3	33.7	38.4
重　庆	8.7	7.4	65.5	70.4	147.8
四　川	37.8	101.8	43.4	42.6	46.9
贵　州	21.8	38.1	39.4	30.2	13.0
云　南	37.4	29.1	29.5	73.3	97.8
西　藏	-	-	0.2	-	1.2
陕　西	136.1	158.8	129.9	211.1	184.6
甘　肃	66.9	48.6	31.0	79.4	61.3
青　海	5.6	7.0	1.4	3.2	4.8
宁　夏	21.6	61.0	57.0	38.5	24.8
新　疆	106.6	128.1	146.1	211.5	344.0

数据来源：国家统计局《中国能源统计年鉴 2015》。

表 2-7　分地区煤气生产和供应业投资

单位：亿元

地区＼年份	2010	2011	2012	2013	2014
北　京	15.1	17.0	23.9	38.1	21.3
天　津	15.7	18.1	22.8	44.3	65.4
河　北	37.0	56.3	87.3	117.1	122.1
山　西	55.6	51.9	69.3	80.3	95.9
内蒙古	126.2	194.5	186.3	192.4	178.8
辽　宁	71.6	99.5	163.6	173.7	97.2
吉　林	29.6	37.3	37.1	59.5	83.3
黑龙江	21.2	55.5	59.7	54.2	53.4
上　海	24.9	12.4	11.9	22.7	12.8
江　苏	65.2	64.2	57.6	52.3	72.2
浙　江	17.1	33.3	57.3	66.2	64.8
安　徽	30.3	29.1	32.4	50.2	48.7
福　建	23.9	18.7	20.7	47.8	89.6
江　西	37.5	40.8	43.3	73.8	26.6
山　东	46.5	61.0	88.7	104.1	125.0
河　南	55.3	61.5	90.2	118.7	127.9
湖　北	22.2	29.4	36.9	50.1	69.6
湖　南	20.8	44.5	43.4	48.5	67.8
广　东	51.7	49.6	76.0	90.7	89.0
广　西	10.9	15.3	64.7	111.1	77.1
海　南	4.3	8.6	11.2	15.2	27.3
重　庆	36.0	20.7	31.2	83.5	63.8
四　川	47.3	75.0	71.0	82.8	102.5
贵　州	4.8	13.1	18.5	21.3	24.8
云　南	10.4	9.2	17.7	39.0	26.7
西　藏	0.6	0.8	2.0	43.5	49.3
陕　西	33.9	33.9	52.4	120.1	147.2
甘　肃	10.6	19.6	27.7	37.1	43.5
青　海	3.3	3.4	5.5	10.4	6.7
宁　夏	9.8	8.0	10.5	21.9	18.4
新　疆	25.0	62.3	84.2	139.5	142.7

数据来源：国家统计局《中国能源统计年鉴2015》。

表2-8 分地区电力、蒸汽、热水生产和供应业投资

单位：亿元

地区\年份	2010	2011	2012	2013	2014
北　京	110	114	160	177	231
天　津	173	175	226	226	186
河　北	543	598	558	593	756
山　西	418	463	501	551	828
内蒙古	1152	865	786	940	1457
辽　宁	637	498	502	523	547
吉　林	424	309	345	348	351
黑龙江	351	278	427	341	342
上　海	148	105	111	116	145
江　苏	308	433	619	714	761
浙　江	391	473	541	642	740
安　徽	276	240	325	377	405
福　建	426	456	499	566	684
江　西	191	182	164	164	252
山　东	431	487	536	744	1016
河　南	340	314	310	443	389
湖　北	384	310	291	322	345
湖　南	294	340	322	363	431
广　东	846	735	778	824	867
广　西	280	311	327	347	418
海　南	54	80	80	75	94
重　庆	193	202	282	289	272
四　川	815	885	1046	1104	1236
贵　州	269	292	226	285	371
云　南	708	747	863	844	781
西　藏	52	63	87	123	179
陕　西	301	234	268	370	488
甘　肃	501	437	579	693	795
青　海	84	173	225	287	317
宁　夏	207	224	209	211	403
新　疆	333	476	649	1021	1257

数据来源：国家统计局《中国能源统计年鉴2015》。

表 2 - 9 电力工程建设完成投资额

单位：亿元

年份	电力工程	电源	电网
2000	–	642	–
2001	–	593	–
2002	–	677	–
2003	–	1880	–
2004	3285	2048	1237
2005	4754	3228	1526
2006	5288	3195	2093
2007	5677	3226	2451
2008	6302	3407	2895
2009	7702	3803	3898
2010	7417	3969	3448
2011	7614	3927	3687
2012	7393	3732	3661
2013	7728	3872	3856
2014	7805	3686	4119
2015	8694	4091	4603

数据来源：2000 - 2013 年数据来自中国电力企业联合会历年《电力工业统计资料汇编》；2014 - 2015 年数据来自中国电力企业联合会《2015年全国电力工业统计快报》。

表 2 –10　分电源完成投资额

单位：亿元

年份	水电	火电	核电	风电	太阳能发电
2002	161	380	136	–	–
2004	554	1437	40	13	–
2005	862	2271	34	45	–
2006	784	2229	94	63	–
2007	859	2005	164	171	–
2008	849	1679	329	527	–
2009	867	1544	584	782	–
2010	819	1426	648	1038	–
2011	971	1133	764	902	155
2012	1239	1002	784	607	99
2013	1223	1016	660	650	323
2014	943	1145	533	915	150
2015	782	1396	560	1159	194

数据来源：2014 年以前数据来自中国电力企业联合会历年《电力工业统计资料汇编》；2014 –2015 年数据来自中国电力企业联合会《2015 年全国电力工业统计快报》。

表2－11 分电源完成投资结构

单位：%

年份	水电	火电	核电	风电	太阳能发电
2002	23.8	56.1	20.1	—	—
2004	27.1	70.2	2.0	0.6	—
2005	26.7	70.3	1.0	1.4	—
2006	24.5	69.8	2.9	2.0	—
2007	26.6	62.1	5.1	5.3	—
2008	24.9	49.3	9.7	15.5	—
2009	22.8	40.6	15.4	20.6	—
2010	20.6	35.9	16.3	26.1	—
2011	24.7	28.9	19.5	23.0	3.9
2012	33.2	26.9	21.0	16.3	2.6
2013	31.6	26.2	17.1	16.8	8.3
2014	25.6	31.1	14.5	24.8	4.0
2015	19.1	34.1	13.7	28.3	4.8

数据来源：根据表2－10数据计算得到。

三、能源资源

（一）煤炭资源

表3-1　煤炭储量

年份＼指标	基础储量 （亿吨）	查明资源量 （亿吨）	基础储量 储采比
2000	–	10071.0	–
2001	–	10063.0	–
2002	3317.6	10033.0	214
2003	3342.0	–	182
2004	3373.4	10022.0	159
2005	3326.4	–	141
2006	3334.8	11597.8	130
2007	3261.3	11804.5	118
2008	3261.4	12464.0	112
2009	3189.6	13096.8	102
2010	2793.9	13411.9	81
2011	2157.9	13778.9	57
2012	2298.9	14208.0	58
2013	2362.9	14842.9	59
2014	2399.9	15317.0	62

注：（1）煤炭基础储量即满足现行采矿和生产所需的指标要求，控制的、探明的，通过可行性研究认为属于经济的、边际经济的部分；（2）煤炭查明资源量为已发现的煤炭资源的总和；（3）煤炭储采比＝年末煤炭基础储量/年原煤产量，表示按照现有生产水平的煤炭储量可使用年份。

数据来源：国家统计局历年《中国统计年鉴》；国家统计局网站 http：//data. stats. gov. cn/；查明资源量数据来自国土资源部历年《中国矿产资源报告》，国土资源部网站 http：//www. mlr. gov. cn.

表 3 - 2 煤炭探明储量国际比较

国家/地区	无烟煤和烟煤（百万吨）	次烟煤和褐煤（百万吨）	总储量（百万吨）	占比（%）	储采比
世界	403199	488332	891531	100.0	110
OECD	155494	229321	384815	43.2	191
非 OECD	247705	259011	506716	56.8	83
美国	108501	128794	237295	26.6	262
俄罗斯	49088	107922	157010	17.6	441
中国	**62200**	**52300**	**114500**	**12.8**	**30**
澳大利亚	37100	39300	76400	8.6	155
印度	56100	4500	60600	6.8	94
欧盟	4883	51199	56082	6.3	111
德国	48	40500	40548	4.5	218
乌克兰	15351	18522	33873	3.8	*
哈斯克斯坦	21500	12100	33600	3.8	309
南非	30156	–	30156	3.4	116
印尼	–	28017	28017	3.1	61
土耳其	322	8380	8702	1.0	125
哥伦比亚	6746	–	6746	0.8	76
巴西	–	6630	6630	0.7	*
加拿大	3474	3108	6582	0.7	96
波兰	4178	1287	5465	0.6	40
希腊	–	3020	3020	0.3	61
保加利亚	2	2364	2366	0.3	76
巴基斯坦	–	2070	2070	0.2	*
乌兹别克斯坦	47	1853	1900	0.2	432
匈牙利	13	1647	1660	0.2	174
泰国	–	1239	1239	0.1	69
墨西哥	860	351	1211	0.1	87
捷克	181	871	1052	0.1	22
朝鲜	300	300	600	0.1	19
新西兰	33	538	571	0.1	143
西班牙	200	330	530	0.1	136

注：（1）本表数据为 2014 年底数据；（2）煤炭的"探明储量"是指通过地质与工程信息以合理的确定性表明，在现有的经济与作业条件下，将来可从已知储层采出的煤炭储量，即基础储量中的剩余可采储量；（3）储采比表明尚存的可采储量，如按照当前实际或计划开采水平开采，尚可开采多少年。＊表示超过 500 年。

数据来源：BP Statistical Review of World Energy 2015.

表3-3 分地区煤炭基础储量

单位：亿吨

地区＼年份	2010	2011	2012	2013	2014	2014 占比（%）
北　京	3.8	3.8	3.7	3.8	3.8	0.16
天　津	3.0	3.0	3.0	3.0	3.0	0.12
河　北	60.6	38.4	39.5	39.4	41.0	1.71
山　西	844.0	834.6	908.4	906.8	920.9	38.37
内蒙古	769.9	368.9	401.7	460.1	490.0	20.42
辽　宁	46.6	31.0	31.9	28.3	27.6	1.15
吉　林	12.4	9.5	9.8	10.0	9.7	0.40
黑龙江	68.2	61.8	61.6	61.4	62.1	2.59
江　苏	14.2	10.8	10.8	10.9	10.7	0.45
浙　江	0.5	0.4	0.4	0.4	0.4	0.02
安　徽	81.9	79.9	80.4	85.2	84.0	3.50
福　建	4.1	4.3	4.4	4.3	4.2	0.18
江　西	6.7	4.3	4.1	4.0	3.4	0.14
山　东	77.6	74.1	79.7	78.8	77.2	3.22
河　南	113.5	97.5	99.1	89.6	86.5	3.60
湖　北	3.3	3.3	3.3	3.2	3.2	0.13
湖　南	18.8	13.3	6.6	6.6	6.7	0.28
广　东	1.9	0.2	0.2	0.2	0.2	0.01
广　西	7.7	2.0	2.1	2.3	2.3	0.10
海　南	0.9	1.2	1.2	1.2	1.2	0.05
重　庆	22.5	18.6	19.9	19.9	18.0	0.75
四　川	54.4	51.8	54.5	55.7	54.1	2.25
贵　州	118.5	58.7	69.4	83.3	94.0	3.92
云　南	62.5	59.7	59.1	60.1	59.5	2.48
西　藏	0.1	0.1	0.1	0.1	0.1	0.00
陕　西	119.9	107.6	109	104.4	95.5	3.98
甘　肃	58.1	23.5	34.1	32.7	32.9	1.37
青　海	16.2	16.1	16.0	12.2	11.8	0.49
宁　夏	54.0	31.3	32.3	38.5	38.0	1.58
新　疆	148.3	148.4	152.5	156.5	158.0	6.58

数据来源：国家统计局历年《中国统计年鉴》。

（二）石油资源

表3-4 分地区原油探明储量

单位：亿吨

地 区	累计探明地质储量			剩余技术可采储量	剩余经济可采储量
	合计	已开发	未开发		
全 国	356.20	272.52	83.68	33.48	25.20
天 津	4.31	3.35	0.96	0.28	0.16
河 北	25.48	17.70	7.78	2.66	2.26
内蒙古	6.24	4.22	2.01	0.84	0.59
辽 宁	23.15	19.18	3.97	1.57	0.95
吉 林	15.76	10.27	5.49	1.81	1.34
黑龙江	61.55	53.77	7.78	4.54	3.72
江 苏	3.20	2.63	0.57	0.30	0.19
安 徽	0.27	0.18	0.09	0.03	0.02
山 东	53.90	46.84	7.05	3.25	1.96
河 南	8.15	7.16	0.99	0.49	0.23
湖 北	1.62	1.33	0.29	0.13	0.06
广 东	0.01	0.01	0.00	0.00	0.00
广 西	0.17	0.11	0.06	0.01	0.00
海 南	0.14	0.13	0.02	0.03	0.03
四 川	0.82	0.82	0.00	0.00	-0.01
云 南	0.00	0.00	0.00	0.00	0.00
陕 西	34.57	27.88	6.68	3.63	2.69
甘 肃	16.13	10.80	5.33	2.19	1.59
青 海	5.70	4.25	1.45	0.75	0.44
宁 夏	1.69	1.36	0.33	0.22	0.18
新 疆	50.65	33.74	16.92	5.32	3.85
渤 海	31.21	18.31	12.90	4.23	3.85
东 海	0.27	0.09	0.19	0.05	0.05
南 海	11.22	8.40	2.81	1.17	1.04

注：本表数据为2014年数据；原油不包含凝析油。

数据来源：国土资源部《2014年全国油气矿产储量通报》。

单位：亿吨

表3-5 分公司原油探明储量

公 司	累计探明地质储量			剩余技术可采储量	剩余经济可采储量
	合计	已开发	未开发		
全 国	356.20	272.52	83.68	33.48	25.20
中国石油	216.85	167.21	49.63	21.16	16.04
中国石化	85.81	69.57	16.24	6.14	3.80
中国海油	42.61	26.71	15.90	5.45	4.94
地 方	11.12	9.03	2.09	0.77	0.47

注：本表数据为2014年数据；原油不包括凝析油。

数据来源：国土资源部《2014年全国油气矿产储量通报》。

表 3-6　原油剩余可采储量

年份	剩余技术 可采储量 （亿吨）	剩余技术 储采比	剩余经济 可采储量 （亿吨）	剩余经济 储采比
2002	24.25	14.5	–	–
2003	24.32	14.3	–	–
2004	24.91	14.2	–	–
2005	24.90	13.7	–	–
2006	27.59	14.9	22.00	11.9
2007	28.33	15.2	21.00	11.3
2008	28.90	15.2	21.29	11.2
2009	29.49	15.6	21.64	11.4
2010	31.74	15.6	23.60	11.6
2011	32.40	16.0	24.30	12.0
2012	33.33	16.1	25.20	12.1
2013	33.67	16.0	25.52	12.2
2014	34.33	16.2	25.20	11.9

注：除 2014 年剩余经济可采储量不包含凝析油储量外，其余储量均包含凝析油储量；储采比 = 储量/产量。

数据来源：剩余技术可采储量数据来自国家统计局网站 http：//data. stats. gov. cn/；剩余经济可采储量数据来自国土资源部历年《全国油气矿产储量通报》或《全国矿产资源储量通报》。

表 3-7 原油剩余经济可采储量国际比较

单位：亿桶

国家/地区	2010	2011	2012	2013	2014	2014 占比	2014 储采比
世界	16366	16753	16979	17010	17001	100.0%	52.5
OPEC	11633	11975	12143	12149	12165	71.6%	91.1
非 OPEC	4732	4778	4836	4861	4836	28.4%	254.4
委内瑞拉	2965	2976	2977	2983	2983	17.5%	*
沙特	2645	2654	2659	2659	2670	15.7%	63.6
加拿大	1749	1742	1736	1729	1729	10.2%	*
伊朗	1512	1546	1573	1578	1578	9.3%	*
伊拉克	1150	1431	1500	1500	1500	8.8%	*
俄罗斯	1058	1057	1055	1050	1032	6.1%	26.1
科威特	1015	1015	1015	1015	1015	6.0%	89.0
阿联酋	978	978	978	978	978	5.8%	72.2
美国	350	398	442	485	485	2.9%	11.4
利比亚	471	480	485	484	484	2.8%	*
尼日利亚	372	372	371	371	371	2.2%	43.0
哈萨克斯坦	300	300	300	300	300	1.8%	48.3
卡塔尔	247	239	252	251	257	1.5%	35.5
中国	**173**	**178**	**181**	**185**	**185**	**1.1%**	**11.9**
巴西	142	150	153	156	162	1.0%	18.9

注： * 表示大于 100 年；原油包括常规原油、致密油、油砂与天然气液，不包括转化衍生液体燃料，如：生物质油、煤制油、气制油。

数据来源：BP Statistical Review of World Energy 2015.

表3-8 分地区原油剩余可采储量

地　区	剩余技术可采储量（万吨）	剩余技术储采比	剩余经济可采储量（万吨）	剩余经济储采比
全　国	334786	15.8	251988	11.9
天　津	2757	0.9	1615	0.5
河　北	26573	44.9	22589	38.1
内蒙古	8354	388.9	5925	275.8
辽　宁	15730	15.4	9499	9.3
吉　林	18122	27.3	13360	20.1
黑龙江	45374	11.3	37242	9.3
江　苏	2964	516.3	1941	338.2
安　徽	253	1.2	154	0.7
山　东	32514	12.0	19624	7.2
河　南	4858	10.3	2336	5.0
湖　北	1285	16.3	570	7.2
广　东	14	0.0	13	0.0
广　西	132	2.2	16	0.3
海　南	296	10.4	260	9.1
四　川	9	0.5	-50	-2.6
云　南	12	-	12	-
陕　西	36301	9.6	26875	7.1
甘　肃	21878	307.3	15899	223.3
青　海	7522	34.2	4417	20.1
宁　夏	2181	274.6	1770	223.0
新　疆	53184	18.5	38526	13.4
渤　海	42288	-	38532	-
东　海	504	-	498	-
南　海	11681	-	10365	-

注：本表数据为2014年数据；原油不包括凝析油；储采比=储量/产量。

数据来源：国土资源部《2014年全国油气矿产储量通报》。

（三）天然气资源

表 3-9　天然气剩余可采储量

年份	剩余技术可采储量（万亿立方米）	剩余技术储采比	剩余经济可采储量（万亿立方米）	剩余经济储采比
2002	2.0	61.8	-	-
2003	2.2	63.7	-	-
2004	2.5	61.0	-	-
2005	2.8	57.1	-	-
2006	3.0	51.3	2.5	42.7
2007	3.2	46.4		
2008	3.4	42.4	2.7	33.6
2009	3.7	43.5	2.9	34.0
2010	3.8	39.5	2.7	28.5
2011	4.0	38.2	2.9	28.2
2012	4.4	39.6	3.1	28.9
2013	4.6	38.4	3.4	29.0
2014	4.9	38.0	-	-

注：储采比 = 储量/产量。

数据来源：剩余技术可采储量数据来自国家统计局网站 http://data.stats.gov.cn/；剩余经济可采储量数据来自国土资源部历年《全国油气矿产储量通报》或《全国矿产资源储量通报》。

表 3-10　天然气剩余经济可采储量国际比较

单位：万亿立方米

年份 国家/地区	2010	2011	2012	2013	2014	2014 占比（%）
世界	176.4	185.8	185.4	186.5	187.1	100.0
OECD	18.7	19.5	18.7	19.4	19.5	10.4
非 OECD	157.7	166.3	166.7	167.0	167.6	89.6
伊朗	33.1	33.6	33.8	34.0	34.0	18.2
俄罗斯	31.5	31.8	32.0	32.3	32.6	17.4
卡塔尔	25.0	25.0	24.9	24.7	24.5	13.1
土库曼斯坦	10.2	17.5	17.5	17.5	17.5	9.3
美国	8.6	9.5	8.7	9.6	9.8	5.2
沙特	7.9	8.0	8.1	8.2	8.2	4.4
阿联酋	6.1	6.1	6.1	6.1	6.1	3.3
委内瑞拉	5.5	5.5	5.6	5.6	5.6	3.0
尼日利亚	5.1	5.2	5.1	5.1	5.1	2.7
阿尔及利亚	4.5	4.5	4.5	4.5	4.5	2.4
澳大利亚	3.7	3.7	3.7	3.7	3.7	2.0
伊拉克	3.2	3.6	3.6	3.6	3.6	1.9
中国	**2.8**	**3.0**	**3.2**	**3.5**	**3.5**	**1.8**
印尼	3.0	3.0	2.9	2.9	2.9	1.5
加拿大	2.0	1.9	2.0	2.0	2.0	1.1
挪威	2.0	2.1	2.1	2.0	1.9	1.0
埃及	2.2	2.2	2.0	1.8	1.8	1.0
科威特	1.8	1.8	1.8	1.8	1.8	1.0

数据来源：BP Statistical Review of World Energy 2015.

表3-11　分地区气层气探明储量

单位：亿立方米

地　区	累计探明地质储量			剩余技术可采储量	剩余经济可采储量
	合计	已开发	未开发		
全　国	104516	57835	46592	47221	35074
天　津	641	321	320	229	36
河　北	374	299	75	121	57
内蒙古	157	0	157	76	44
辽　宁	18024	13018	4916	8076	4990
吉　林	723	673	51	44	30
黑龙江	1702	948	753	621	405
江　苏	2627	812	1815	1141	733
安　徽	30	18	12	14	11
山　东	584	428	157	110	16
河　南	458	378	80	28	−1
湖　北	0	0	0	0	0
广　东	7	7	0	1	0
广　西	50	50	0	0	−4
海　南	6461	3687	2774	2457	1697
四　川	25709	10394	15315	11716	8690
云　南	9	9	0	1	1
陕　西	45	45	0	6	3
甘　肃	16192	10532	5660	7754	5694
青　海	0	0	0	0	0
宁　夏	3611	3095	516	1436	1197
新　疆	552	2	550	253	140
渤　海	18427	10332	8095	9336	7855
东　海	663	483	180	265	209
南　海	2118	178	1939	1090	1027

注：本表数据为2014年数据。

数据来源：国土资源部《2014年全国油气矿产储量通报》。

表 3-12 分公司气层气探明储量

单位：亿立方米

公 司	累计探明地质储量			剩余技术可采储量	剩余经济可采储量
	合计	已开发	未开发		
全 国	104516	57925	46592	47221	35074
中国石油	74897	44722	30176	34339	25411
中国石化	21877	9679	12198	9346	6572
中国海油	7984	2647	5337	3760	3445
地 方	1715	917	799	810	623

注：本表数据为 2014 年数据；原油不包括凝析油。

数据来源：国土资源部《2014 年全国油气矿产储量通报》。

表 3-13　分地区煤层气探明储量

单位：亿立方米

地　区	累计探明地质储量			剩余技术可采储量	剩余经济可采储量
	合　计	已开发	未开发		
全　国	6266	1020	5247	3079	2523
按所属行政区划分					
辽　宁	59	52	7	21	14
山　西	5704	967	4736	2814	2315
安　徽	32	0	32	16	15
陕　西	472	0	472	229	179
按所属盆地划分					
渤海湾盆地	52	52	0	18	12
阜新盆地	7	0	7	3	2
鄂尔多斯盆地	1490	131	1359	741	609
沁水盆地	4686	837	3849	2302	1885
南华北盆地	32	0	32	16	15

注：本表数据为 2014 年数据。

数据来源：国土资源部《2014 年全国油气矿产储量通报》。

表 3-14 分公司煤层气探明储量

单位: 亿立方米

公司	累计探明地质储量			剩余技术可采储量	剩余经济可采储量
	合计	已开发	未开发		
全国	6266	1020	5247	3079	2523
中国石油	3868	301	3567	1899	1555
中国石化	208	131	77	105	89
中国海油	1698	344	1354	866	774
地方	493	243	249	210	106

注: 本表数据为 2014 年数据; 原油不包括凝析油。

数据来源: 国土资源部《2014 年全国油气矿产储量通报》。

（四）非化石能源资源

表3-15 全国及分流域水力资源量

流域	理论蕴藏量		技术可开发量		经济可开发量	
	平均功率（万千瓦）	年发电量（亿千瓦时）	装机容量（万千瓦）	年发电量（亿千瓦时）	装机容量（万千瓦）	年发电量（亿千瓦时）
全国	69440	60829	54164	24740	40180	17534
长江流域	27781	24336	25627	11879	22832	10498
黄河流域	4331	3794	3734	1361	3165	1111
珠江流域	3224	2824	3129	1354	3002	1298
海河流域	283	248	203	48	151	35
淮河流域	112	98	66	19	56	16
东北诸河	1661	1455	1682	465	1573	434
东南沿海诸河	2028	1776	1907	593	1865	581
西南国际诸河	9852	8630	7501	3732	5559	2684
雅鲁藏布江及西藏其他河流	16021	14035	8466	4483	259	120
北方内陆及新疆诸河	4148	3634	1847	806	1717	756

注：数据统计范围为理论蕴藏量10兆瓦及以上的3886条河流。

数据来源：国家发展改革委《中国水力资源复查成果2003》。

表 3-16 水力资源量国际比较

国家/地区	技术可开发资源（亿千瓦时/年）	排序	经济可开发资源（亿千瓦时/年）	排序
世界	156000	-	88300	-
中国	**24740**	**1**	**17530**	**1**
俄罗斯	16700	2	8520	2
美国	13390	3	3760	6
巴西	12500	4	8176	3
加拿大	8270	5	5360	4
刚果（金）	7840	6	1450	9
印度	6600	7	4420	5
印尼	4020	8	400	17
委内瑞拉	2610	9	1000	11
挪威	2400	10	2060	7
土耳其	2160	11	1700	8
哥伦比亚	2000	12	1400	10
阿根廷	1690	13	780	14
日本	1365	14	910	12
瑞典	1300	15	900	13
法国	1000	16	700	15
奥地利	750	17	561	16
波兰	120	18	50	18

数据来源：World Energy Council，2013 Survey of Energy Resources.

表3-17 分地区水力资源量

地 区	理论蕴藏量		技术可开发量		经济可开发量	
	平均功率（万千瓦）	年发电量（亿千瓦时）	装机容量（万千瓦）	年发电量（亿千瓦时）	装机容量（万千瓦）	年发电量（亿千瓦时）
京津冀	199	227	175	37	125	25
山 西	494	563	402	121	397	119
内蒙古	509	581	262	73	257	72
辽 宁	178	203	177	60	173	59
吉 林	301	344	512	118	504	115
黑龙江	664	758	816	238	723	212
上海江苏	152	174	6	2	2	1
浙 江	538	614	664	161	661	161
安 徽	274	312	107	30	100	27
福 建	941	1074	998	353	970	345
江 西	426	486	516	171	416	138
山 东	102	117	6	2	5	1
河 南	412	471	288	97	273	91
湖 北	1507	1721	3554	1386	3536	1380
湖 南	1163	1327	1202	486	1135	458
广 东	532	607	540	198	488	178
海 南	74	84	76	21	71	20
广 西	1545	1764	1891	809	1858	795
四 川	12572	14352	12004	6122	10327	5233
重 庆	2012	2296	981	446	820	378
贵 州	1584	1809	1949	778	1898	752
云 南	9144	10439	10194	4919	9795	4713
西 藏	17639	20136	11000	5760	835	376
陕 西	1119	1277	662	222	650	217
甘 肃	1304	1489	1063	444	901	370
青 海	1916	2187	2314	913	1548	555
宁 夏	184	210	146	59	146	59
新 疆	3344	3818	1656	713	1567	683
全 国	69440	60829	54164	24740	40180	17534

数据来源：国家发展改革委《中国水力资源复查成果2003》。

表 3-18　风能资源潜在开发量

陆地风能

离地面高度 （米）	潜在开发量 （亿千瓦）	技术开发量 （亿千瓦）	技术开发面积 （万平方公里）
50	25.6	20.5	56.6
70	30.5	25.7	70.5
100	39.2	33.7	94.8

近海风能

风能资源 区划等级	4 级及以上风功率 密度≥400W/m^2 （亿千瓦）	3 级及以上风功率 密度≥400W/m^2 （亿千瓦）	3 级及以上风能资 源中 3 级所占 比例（%）
离岸 50km 以内	2.3	3.8	0.4
离岸 20km 以内	0.7	1.4	0.5
近海水深 5-25m	0.9	1.9	0.5

　　注：潜在开发量是在风功率密度达到 300W/m^2 的区域内，考虑制约风电开发的主要自然地理和国家基本政策等因素后，计算出的风能资源储量；技术开发量是装机容量超过 1500kW/平方公里区域的潜在开发量综合；技术开发面积是装机容量超过 1500kW/平方公里区域面积的综合。

　　数据来源：国家气象局、国家发展改革委、国家财政部、国家能源局《关于全国风能资源详查和评价工作情况的报告》；水规院《风电接入电网和市场消纳研究总报告》。

表 3 – 19　全国及分地区陆地 70 米高度风能资源量

地　区	潜在开发量 （万千瓦）	技术开发量 （万千瓦）	技术开发面积 （平方公里）
全　国	305372	256590	704746
北　京	135	50	139
天　津	56	56	133
河　北	8651	4188	11870
山　西	3791	1598	5032
内蒙古	163126	145967	394919
辽　宁	7824	5981	20409
吉　林	7985	6284	22675
黑龙江	13415	9651	29580
上　海	51	51	133
江　苏	373	370	926
浙　江	353	209	642
安　徽	104	77	212
福　建	1222	955	2664
江　西	541	310	876
山　东	4028	3018	8472
河　南	916	389	1226
湖　北	243	126	396
湖　南	276	113	331
广　东	2216	1367	4249
广　西	1522	692	2151
海　南	276	206	638
重　庆	434	138	446
四　川	1248	340	1040
贵　州	1372	456	1705
云　南	4972	2066	6273
西　藏	99	65	188
陕　西	1970	1115	3302
甘　肃	26446	23634	61342
青　海	2407	2008	6585
宁　夏	1777	1555	4417
新　疆	47543	43555	111775

　　数据来源：国家气象局、国家发展改革委、国家财政部、国家能源局《关于全国风能资源详查和评价工作情况的报告》。

表 3 –20　太阳能资源

太阳能	年辐射量	年地表吸收热能	年可利用量
	5×10^{22} J	17000 亿吨标准煤	22 亿 kW

注：太阳能年可利用量按照 20% 的屋顶面积、2% 的戈壁和荒漠地区面积安装太阳能发电设备估算。

数据来源：国家能源局发展规划司、国家电网公司发展策划部、国网能源研究院《能源数据手册 2015》。

四、能源设施

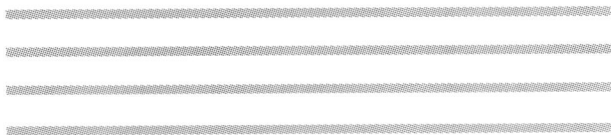

（一）煤炭设施

表 4 - 1　原煤开采新增生产能力

单位：万吨/年

年份 ＼ 指标	原煤开采建设规模	原煤开采施工规模	原煤开采新开工规模	原煤开采新增生产能力
2001	–	–	–	2720
2002	–	–	–	3419
2003	–	26156	17962	7443
2004	–	–	–	15441
2005	–	75656	41029	18377
2006	–	95265	39402	22648
2007	–	109746	43304	26984
2008	102845	89493	33978	23059
2009	119584	101008	48249	32006
2010	179019	137744	57410	38706
2011	170473	131377	60740	41281
2012	202423	151118	65209	39852
2013	184376	140354	44238	39915
2014	161485	104523	34766	29545

数据来源：2001 - 2013 年数据来自国家统计局网站 http：//data. stats. gov. cn/；2014 年数据来自国家统计局《中国统计年鉴 2015》。

表4-2 焦炭新增生产能力

单位:万吨/年

年份\指标	焦炭生产建设规模	焦炭生产施工规模	焦炭生产新开工规模	焦炭生产新增生产能力
2001	-	-	-	1014
2002	-	-	-	1169
2003	-	11091	9674	4092
2004	-	-	-	9284
2005	-	18481	10099	7337
2006	-	13060	5790	5113
2007	-	13359	7453	4554
2008	19112	17169	10249	4203
2009	21959	18462	9077	6327
2010	25014	20435	11182	7729
2011	23010	18661	9318	7078
2012	22369	17968	7126	6125
2013	21741	16980	7300	6692
2014	14968	12039	4816	4996

数据来源:2001-2013年数据来自国家统计局网站http://data.stats.gov.cn/;2014年数据来自国家统计局《中国统计年鉴2015》。

表4-3 分地区煤炭矿区数

单位：个

地区 \ 年份	2008	2009	2012	2013	2014	2014 占比（%）
全 国	8672	8932	7588	7609	7703	100.0
北 京	34	34	29	29	29	0.4
天 津	2	2	2	2	2	0.0
河 北	242	246	147	149	149	1.9
山 西	656	656	608	613	617	8.0
内蒙古	491	512	408	413	410	5.3
辽 宁	481	486	275	277	277	3.6
吉 林	472	450	384	368	370	4.8
黑龙江	228	234	227	233	230	3.0
江 苏	126	127	96	96	96	1.2
浙 江	68	68	56	56	56	0.7
安 徽	217	220	213	217	217	2.8
福 建	251	245	208	206	207	2.7
江 西	483	479	165	167	167	2.1
山 东	301	301	183	186	188	2.4
河 南	297	300	257	230	252	3.3
湖 北	277	282	285	286	288	3.7
湖 南	619	620	336	340	341	4.4
广 东	188	188	170	170	170	2.2
广 西	176	179	135	137	141	1.8
海 南	8	8	3	2	3	0.0
重 庆	214	223	340	324	326	4.2
四 川	574	614	621	599	599	7.8
贵 州	839	959	780	794	805	10.5
云 南	374	390	455	476	485	6.3
西 藏	23	23	23	23	24	0.3
陕 西	210	219	224	229	237	3.1
甘 肃	213	221	206	208	209	2.7
青 海	85	89	95	108	116	1.5
宁 夏	90	92	125	122	122	1.6
新 疆	433	465	532	549	570	7.4

数据来源：国土资源部历年《全国矿产资源储量通报》。

（二）石油设施

表4-4 原油开采新增生产能力

单位：万吨/年

年份	建设规模	施工规模	新开工规模	累计新增生产能力	新增生产能力
2001	–	–	–	–	1931
2002	–	–	–	–	2541
2003	–	2218	1891	–	1716
2004	–	–	–	–	2468
2005	–	2628	2354	–	2388
2006	–	2137	1971	–	1602
2007	–	3697	2518	–	1956
2008	2676	2199	1866	1978	1765
2009	3259	2803	1415	2930	2559
2010	5904	4062	3635	4412	3553
2011	47719	4168	2865	3815	3490
2012	3927	3144	2800	3178	2494
2013	4875	3087	2791	4004	2731
2014	3663	2994	2779	3256	2717

数据来源：国家统计局网站 http：//data. stats. gov. cn/.

表 4 - 5 分公司炼油能力及结构

年份	能力/占比	中国石化	中国石油	中国海油	其他炼油企业	煤基油品企业	外资企业	全国
2010	能力（万吨/年）	23670	15430	2500	8800	-	-	50400
	占比（%）	47.0	30.6	5.0	17.5	-	-	100.0
2011	能力（万吨/年）	24720	16930	2700	9600	-	-	53950
	占比（%）	45.8	31.4	5.0	17.8	-	-	100.0
2012	能力（万吨/年）	25660	16900	3050	13810	-	-	59420
	占比（%）	43.2	28.4	5.1	23.2	-	-	100.0
2013	能力（万吨/年）	26220	18170	3450	18140	270	-	66250
	占比（%）	39.6	27.4	5.2	27.4	0.4	-	100.0
2014	能力（万吨/年）	26370	18870	3450	22323	220	824	72057
	占比（%）	36.6	26.2	4.8	31.0	0.3	1.1	100.0
2015	能力（万吨/年）	26620	18870	3450	20876	380	824	71020
	占比（%）	37.5	26.6	4.9	29.4	0.5	1.2	100.0

数据来源：中石油经济技术研究院历年《国内外油气行业发展报告》。

表 4 –6　炼油能力国际比较

单位：亿吨/年

国家/地区	2010	2011	2012	2013	2014	2014 占比（%）
世界	45.57	45.80	46.38	47.40	48.06	100.0
OECD	22.39	22.34	22.36	22.15	21.70	45.2
非 OECD	23.19	23.46	24.02	25.25	26.36	54.8
美国	8.83	8.63	8.88	8.93	8.86	18.4
欧盟	7.62	7.57	7.35	7.18	7.08	14.7
中国	**5.13**	**5.39**	**5.94**	**6.62**	**7.02**	**14.6**
俄罗斯	2.74	2.78	2.88	3.00	3.16	6.6
印度	1.84	1.89	2.13	2.15	2.15	4.5
日本	2.14	2.13	2.12	2.05	1.87	3.9
韩国	1.35	1.42	1.44	1.44	1.44	3.0
沙特	1.05	1.05	1.06	1.26	1.41	2.9
巴西	0.99	1.00	1.00	1.04	1.11	2.3
德国	1.04	1.03	1.04	1.03	1.03	2.1
伊朗	0.93	0.93	0.94	0.98	0.99	2.1
意大利	1.19	1.15	1.10	1.03	0.99	2.1
加拿大	0.95	1.02	1.02	0.98	0.98	2.0
西班牙	0.71	0.71	0.77	0.77	0.77	1.6
墨西哥	0.73	0.80	0.80	0.80	0.76	1.6
新加坡	0.71	0.71	0.71	0.70	0.75	1.6
法国	0.85	0.80	0.75	0.68	0.68	1.4
英国	0.87	0.89	0.76	0.75	0.68	1.4
委内瑞拉	0.65	0.65	0.65	0.65	0.65	1.4
荷兰	0.63	0.64	0.63	0.63	0.63	1.3
泰国	0.61	0.61	0.61	0.62	0.62	1.3
中国台湾	0.60	0.60	0.60	0.60	0.60	1.2
阿联酋	^	^	^	^	0.57	1.2
印尼	0.57	0.56	0.52	0.53	0.55	1.1
伊拉克	^	^	^	^	0.54	1.1
科威特	^	^	^	^	^	1.0

注：每吨按 7.33 桶折算；^ 表示数值小于 0.5。

数据来源：根据表 4 – 7 数据计算得到。

表 4 - 7　日均炼油能力国际比较

单位：万桶／日

国家／地区	2010	2011	2012	2013	2014	2014 占比（%）
世界	9152	9197	9314	9520	9651	100.0
OECD	4495	4486	4490	4449	4358	45.2
非 OECD	4656	4711	4825	5070	5293	54.8
美国	1774	1732	1782	1792	1779	18.4
欧盟	1530	1520	1475	1442	1422	14.7
中国	**1030**	**1083**	**1193**	**1330**	**1410**	**14.6**
俄罗斯	551	559	579	603	634	6.6
印度	370	379	428	432	432	4.5
日本	429	427	425	412	375	3.9
韩国	271	286	289	289	289	3.0
沙特	211	212	212	252	282	2.9
巴西	199	201	200	209	223	2.3
德国	209	208	210	206	206	2.1
伊朗	186	186	189	197	199	2.1
意大利	240	231	220	206	198	2.1
加拿大	191	204	205	196	197	2.0
西班牙	142	142	154	154	155	1.6
墨西哥	146	161	161	161	152	1.6
新加坡	143	143	142	141	151	1.6
法国	170	161	151	137	137	1.4
英国	176	179	153	150	137	1.4
委内瑞拉	130	130	130	130	130	1.4
荷兰	127	128	127	127	127	1.3
泰国	123	123	123	124	124	1.3
中国台湾	120	120	120	120	120	1.2
阿联酋	70	71	71	71	114	1.2
印尼	114	112	104	107	110	1.1
伊拉克	86	92	95	99	109	1.1
科威特	94	94	94	94	94	1.0

数据来源：BP Statistical Review of World Energy 2015.

表4－8　分地区炼油能力及结构

年份	能力/占比	华北	华南	东北	华东	西北	华中	西南	合计
2010	能力（万吨/年）	14150	8680	10300	7030	7500	3540	100	51300
	占比（%）	27.6	16.9	20.1	13.7	14.6	6.9	0.2	100.0
2011	能力（万吨/年）	14600	9130	11000	7680	7800	3540	200	53950
	占比（%）	27.1	16.9	20.4	14.2	14.5	6.6	0.4	100.0
2012	能力（万吨/年）	17150	10030	11850	8130	8220	3840	200	59420
	占比（%）	28.9	16.9	19.9	13.7	13.8	6.5	0.3	100.0
2013	能力（万吨/年）	21860	9900	12210	9690	7950	4440	200	66250
	占比（%）	33.0	14.9	18.4	14.6	12.0	6.7	0.3	100.0
2014	能力（万吨/年）	22960	11300	12210	10140	7950	4440	1200	70200
	占比（%）	32.7	16.1	17.4	14.4	11.3	6.3	1.7	100.0
2015	能力（万吨/年）	24300	11700	11300	23720	71020			
	占比（%）	34.2	16.5	15.9	33.4	100.0			

注：华北指京、津、冀、晋、豫、鲁、宁、青、甘、陕、新、蒙；华东指沪、浙、苏；西北指新、甘、青、陕、宁、华中指湘、皖、赣、鄂；西南指滇、川、渝、贵；东北指辽、吉、黑、蒙；华南指粤、闽、琼、桂。

数据来源：中石油经济技术研究院历年《国内外油气行业发展报告》。

表4-9　油气管道里程

年份	绝对额 （万公里）	增速 （%）
2000	2.47	-0.8
2001	2.76	11.7
2002	2.98	8.0
2003	3.26	9.4
2004	3.82	17.2
2005	4.4	15.2
2006	4.81	9.3
2007	5.45	13.3
2008	5.83	7.0
2009	6.91	18.5
2010	7.85	13.6
2011	8.33	6.1
2012	9.16	10.0
2013	9.85	7.5
2014	10.57	7.3

数据来源：国家统计局网站 http：//data. stats. gov. cn/.

表 4 – 10　建成石油储备能力

储备基地/库容		总储备能力	战略储备能力	商业储备能力
储备基地	（个）	34	8	26
	（亿桶）	4.95	1.80	3.15
储备库容	（万立方米）	7870	2860	5010
	（万吨）	6909	2610	4299

注：本表数据为截至 2015 年底数据；1 桶按 0.159 立方米折算；每吨按 7.33 桶折算；总储备能力＝战略储备能力＋商业储备能力。

数据来源：储备基地个数与万立方米库容数据来自中石油经济技术研究院《2015 年国内外油气行业发展报告》；万吨战略储备数据来自国家统计局；其余数据根据相关系数计算得到。

（三）天然气设施

表 4-11 天然气开采新增生产能力

单位：亿立方米/年

指标\年份	建设规模	施工规模	新开工规模	累计新增生产能力	新增生产能力
2001	–	–	–	–	18
2002	–	–	–	–	164
2003	–	54	54	–	54
2004	–	–	–	–	114
2005	–	153	153	–	129
2006	–	120	107	–	76
2007	–	289	237	–	113
2008	144	139	72	62	61
2009	46	30	24	25	20
2010	664	587	477	208	189
2011	507	464	386	368	315
2012	459	362	275	322	274
2013	617	280	142	370	146
2014	456	321	225	207	157

数据来源：国家统计局网站 http：//data. stats. gov. cn/.

表 4 −12 主要天然气管道建设情况

管道	所属公司	起点	终点	长度（千米）	输气能力（亿立方米/年）	状态
重庆涪陵 −王场	中石化	涪陵白涛	石柱王场	136.5	70	已建
西气东输三线东段	中石油	江西吉安	福建福州	817	300	已建
泰青威管道	中石油	山东泰安	山东威海	1067	86	已建
济南 −青岛二线	中石化	山东济南	山东青岛	359	50	已建
哈沈输气管道	中石油	长春分输清管站	辽宁沈阳	365	90	已建
西气东输三线中段	中石油	宁夏中卫	江西吉安	2016	300	在建
西气东输四线	中石油	新疆伊宁	宁夏中卫	2454	300	在建
陕京四线	中石油	陕西靖边	北京高丽营	1273	300	在建
中俄天然气东线	中石油	黑龙江黑河	上海	3968	380	在建
鄂安沧管道	中石化	陕西榆林	河北沧州	2422	300	在建
新粤浙管道	中石化	新疆伊宁	广东韶关	8280	300	在建

注：本表数据为 2015 年中国天然气主干线、支干线及联络线建设情况。

数据来源：中石油经济技术研究院《2015 年国内外油气行业发展报告》。

表4-13 LNG 接收能力

年份	新增接收能力		累计接收能力	
	万吨/年	亿立方米/年	万吨/年	亿立方米/年
2006	370	51	370	51
2007	0	0	370	51
2008	260	36	630	87
2009	300	41	930	128
2010	0	0	930	128
2011	960	132	1890	261
2012	300	41	2190	302
2013	1290	178	3480	480
2014	600	83	4080	563
2015	0	0	4080	563

注：1 万吨 LNG 折合 0.138 亿立方米天然气。

数据来源：中石油经济技术研究院《2014 年国内外油气行业发展报告》《2015 年国内外油气行业发展报告》。

表 4-14　已投产 LNG 接收站项目

项目名称	所在位置	所属公司	设计能力（万吨/年）		投产时间	
			一期	两期合计	一期	二期
广州大鹏LNG	广东深圳大鹏湾	中海油	370	680	2006-06	2011
福建莆田LNG	福建莆田湄洲湾	中海油	260	630	2008-04	2013
上海洋山LNG	上海洋山深水港	中海油	300	600	2009-10	-
江苏如东LNG	江苏如东洋口港	中石油	350	650	2011-06	2016
辽宁大连LNG	辽宁大连大孤山半岛	中石油	300	600	2011-07	2017
浙江宁波LNG	浙江宁波白峰镇中宅	中海油	300	600	2012-12	2016
珠海金湾LNG	广东珠海高栏港	中海油	350	700	2013-10	-
河北曹妃甸LNG	唐山市唐海县曹妃甸港区	中石油	350	650	2013-12	-
天津浮式LNG	天津港南疆港区	中海油	220	600	2013-12	2016
海南洋浦LNG	洋浦经济开发区	中海油	300	600	2014-08	-
山东青岛LNG	青岛胶南董家口	中石化	300	300	2014-11	-
合计				6610		

注：本表数据为截至 2015 年年底的数据。

数据来源：中石油经济技术研究院《2014 年国内外油气行业发展报告》《2015 年国内外油气行业发展报告》。

表 4－15　在建及规划 LNG 接收站项目

项目名称	所在位置	所属公司	一期设计能力（万吨/年）	预计投产时间	状态
广东迭福LNG	深圳市大鹏新区迭福片区	中海油	400	2015	在建
广西北海LNG	北海市铁山港区	中石化	300	2015	基本完工
广东粤东LNG	粤东揭阳惠来县	中海油	200	2015	基本完工
天津南港LNG	滨海新区南港工业区	中石化	300	2016	在建
浙江舟山LNG	舟山经济开发区	新奥	300	2017	在建
江苏滨海LNG	盐城滨海港区	中海油	260	2017	拿到路条
浙江温州LNG	温州市洞头县小门岛东北部	中石化	300	2017	拿到路条
福建漳州LNG	龙海市隆教乡兴古湾	中海油	300	2017	拿到路条
江苏连云港LNG	连云港徐圩港区	中石化	300	2017	拿到路条
广东粤西LNG	茂名博贺新港区	中海油	300	2017	拿到路条
山东烟台LNG	烟台芝罘区港西港区	中海油	300	－	前期
深圳LNG	深圳大鹏湾东北岸迭福片区	中石油	300	－	前期
合计			3560		

注：本表数据为截至 2015 年年底的数据。

数据来源：中石油经济技术研究院《2014 年国内外油气行业发展报告》《2015 年国内外油气行业发展报告》。

表4-16 已建地下储气库

储气库	所属公司	地点	类型	工作气能力（亿立方米）	最大注入率（万立方米/日）	投产时间
萨中东2-1（停用）	中石油	大庆	枯竭	0.17	—	1969
喇嘛甸	中石油	大庆	枯竭	1.00	—	1975
大张坨	中石油	大港	枯竭	6.00	320	1999年起陆续投产
板876	中石油	大港	枯竭	2.17	100	
板中北	中石油	大港	枯竭	10.97	300	
板中南	中石油	大港	枯竭	4.70	225	
板808	中石油	大港	枯竭	4.17	360	
板828	中石油	大港	枯竭	2.57	360	
金坛	中石油	江苏	盐穴	1.80	—	2007
京51	中石油	华北	枯竭	1.20	—	2010
京58	中石油	华北	枯竭	3.90	—	
永22	中石油	华北	枯竭	3.00	—	
刘庄	中石油	江苏	枯竭	2.45	—	2011
文96	中石化	中原	枯竭	2.95	—	2012-09
双6	中石油	辽河	枯竭	16.00	—	2013-01
呼图壁	中石油	新疆	枯竭	45.00	1123	2013-07
相国寺	中石油	重庆	枯竭	23.00	1380	2013-06
苏桥储气库群一期	中石油	华北	枯竭	23.00	1300	2013-06
板南	中石油	大港	枯竭	5.00	240	2013-10
合计				159.05		

注：本表数据为截至2015年年底的数据；苏桥储气库群一期包括苏1、苏20、苏4、苏49、顾辛庄五座储气库。

数据来源：中石油经济技术研究院《2014年国内外油气行业发展报告》《2015年国内外油气行业发展报告》。

表 4 - 17　在建及规划地下储气库

储气库	所属公司	地点	类型	工作气能力（亿立方米）	最大注入率（万立方米/日）	投产时间
在建储气库						
云应	中石油	湖北	盐穴	6.00	-	2015
港华金坛	港华燃气	江苏	盐穴	2.18	-	2016
川气东送金坛一期二期	中石化	江苏	盐穴	-	-	-
在建合计				8.18		
开展前期工作储气库						
文 23	中石化	中原	枯竭	39.00	-	-
兴 9	中石油	华北	枯竭	7.03	-	-
淮安	中石油	江苏	盐穴	6.42	-	-
长春	中石油	吉林	枯竭	5.43	-	-
规划合计				57.88		

注：本表数据为截至 2015 年年底的数据。

数据来源：中石油经济技术研究院《2014 年国内外油气行业发展报告》《2015 年国内外油气行业发展报告》。

表 4 - 18   部分城市已建 LNG 储备库

项目名称	所在位置	所属公司	储气能力（万立方米 LNG）	投产时间
福建石狮 LNG 储备站	福建石狮	泉州燃气	0.02	2007
五号沟 LNG 储备站	上海	申能	10.00	2008
西安 LNG 应急气源站	陕西西安	西安秦华天然气公司	0.35	2009
西部 LNG 应急气源站	浙江杭州	杭州市燃气集团	0.50	2011
江北 LNG 储备站	湖南邵阳	—	0.60	2011
次渠 LNG 储备站	北京	北京燃气	0.06	2012
长沙新奥燃气星沙储配站	湖南长沙	新奥燃气	2.00	2012
常州 LNG（应急）储备气化站	江苏常州	港华燃气	0.09	2012
深南 LNG 储备库	海南海口	中海油	4.00	2013
武汉 LNG 储备库	湖北武汉	—	2.00	2013
成都 LNG 应急调峰储备库一期	四川成都彭州市	成都城建	1.00	2014
杨凌 LNG 应急储备调峰项目	陕西杨凌示范区	陕西燃气集团	6.00	2014
威海 LNG 应急气源储备站	山东威海	港华燃气	0.09	2014
杭州滨江 LNG 应急气源站	浙江杭州	杭州市燃气集团	6.50	2014
"天然气储备联盟"项目	江西丰城	江西 5 家公司投资	0.12	2014
合计			33.33	

注：本表数据为截至 2014 年年底的数据。

数据来源：中石油经济技术研究院《2013 年国内外油气行业发展报告》《2014 年国内外油气行业发展报告》。

表 4 –19　部分城市在建及规划 LNG 储备库

项目名称	所在位置	所属公司	储气能力（万立方米 LNG）	项目状态	投产时间
东部 LNG 应急气源站	浙江杭州	杭州市燃气集团	1.00	在建	2015
五号沟 LNG 储备二期扩建	上海	申能	20.00	在建	2016
深圳天然气储备与调峰库项目	广东深圳	深圳燃气集团	8.00	在建	2016
在建合计			29.00	–	–
西安 LNG 应急储备调峰项目	陕西西安	陕西液化天然气投资发展有限公司	10.00	备案	待定
湖南新能源储备基地	湖南衡阳	中海油	2.00	前期	待定
规划合计			12.00	–	–

注：本表数据为截至 2014 年年底的数据。

数据来源：中石油经济技术研究院《2013 年国内外油气行业发展报告》《2014 年国内外油气行业发展报告》。

（四）电力设施

表 4-20　发电装机容量及增速

年份	发电装机容量		人均发电装机容量	
	绝对额 （万千瓦）	增速 （%）	绝对额 （千瓦/人）	增速 （%）
2000	31932	6.9	0.25	4.2
2001	33849	6.0	0.27	8.0
2002	35657	5.3	0.28	3.7
2003	39141	9.8	0.30	7.1
2004	44239	13.0	0.34	13.3
2005	51718	16.9	0.40	17.6
2006	62370	20.6	0.47	17.5
2007	71822	15.2	0.54	14.9
2008	79273	10.4	0.60	11.1
2009	87410	10.3	0.65	8.3
2010	96641	10.6	0.72	10.8
2011	106253	9.9	0.79	9.7
2012	114676	7.9	0.85	7.6
2013	125768	9.7	0.92	8.2
2014	136463	8.5	1.00	8.7
2015	150673	10.4	1.10	10.0

数据来源：2000-2013 年数据来自中国电力企业联合会历年《电力工业统计资料汇编》；2014-2015 年数据来自中国电力企业联合会《2015年全国电力工业统计快报》。

表 4-21　发电装机容量国际比较

国家/地区	2010 年 发电装机容量 （亿千瓦）	2011 年 发电装机容量 （亿千瓦）	2012 年 发电装机容量 （亿千瓦）	2013 年 发电装机容量 （亿千瓦）	2013 年 人均发电装机容量 （千瓦/人）
世界	50.93	52.58	54.20	-	-
中国	**9.66**	**10.63**	**11.47**	**12.58**	**0.93**
美国	10.41	10.55	10.68	10.65	3.36
日本	2.87	2.92	2.95	3.03	2.38
德国	1.57	1.63	1.77	1.86	2.31
加拿大	1.37	1.39	1.34	1.33	3.78
法国	1.24	1.31	1.29	1.30	1.97
意大利	1.06	1.18	1.24	1.25	2.08
巴西	1.12	-	-	1.21	0.59
西班牙	1.02	1.03	1.05	1.06	2.27
英国	0.93	0.94	0.95	0.92	1.44
韩国	0.85	0.85	0.94	0.92	1.83
澳大利亚	0.59	0.61	0.63	0.64	2.77
南非	0.43	-	11.47	0.45	0.85

数据来源：中国数据来自中国电力企业联合会《电力工业统计资料汇编2014》；OECD 国家数据来自 IEA，Electricity Information 2015；其他非 OECD 国家数据来自 United Nations，2013 Energy Statistics Yearbook。

表4-22 分地区发电装机容量

单位：万千瓦

年份\地区	2010	2011	2012	2013	2014	2014 占比（%）
北　京	631	634	731	792	1090	0.8
天　津	1094	1097	1134	1137	1357	1.0
河　北	4215	4450	4868	5220	5544	4.0
山　西	4429	4987	5455	5767	6304	4.6
内蒙古	6460	7506	7840	8485	9273	6.8
辽　宁	3228	3400	3807	3966	4192	3.1
吉　林	2035	2305	2399	2518	2560	1.9
黑龙江	1965	2087	2173	2393	2499	1.8
上　海	1858	1966	2146	2162	2184	1.6
江　苏	6470	7004	7544	8241	8611	6.3
浙　江	5721	6063	6164	6478	7412	5.4
安　徽	2933	3179	3532	3933	4322	3.2
福　建	3473	3717	3885	4201	4449	3.2
江　西	1706	1806	1947	1999	2078	1.5
山　东	6248	6805	7315	7718	7971	5.8
河　南	5057	5324	5765	6052	6196	4.5
湖　北	4906	5314	5787	5896	6213	4.5
湖　南	2912	3112	3297	3364	3567	2.6
广　东	7113	7624	7810	8598	9163	6.7
广　西	2533	2707	3037	3140	3215	2.3
海　南	392	423	502	497	504	0.4
重　庆	1167	1296	1340	1509	1774	1.3
四　川	4327	4787	5459	6862	7874	5.7
贵　州	3409	3901	4010	4476	4669	3.4
云　南	3605	4047	4825	5979	7078	5.2
西　藏	78	97	102	110	144	0.1
陕　西	2358	2460	2494	2590	2866	2.1
甘　肃	2075	2745	2916	3489	4191	3.1
青　海	1262	1422	1470	1710	1829	1.3
宁　夏	1374	1848	1972	2231	2424	1.8
新　疆	1607	2138	2952	4254	5464	4.0

数据来源：中国电力企业联合会历年《电力工业统计资料汇编》。

表 4-23 分电源发电装机容量

单位：万千瓦

年份	水电	火电	核电	风电	太阳能发电	合计
2005	11739	39138	685	126	–	51718
2010	21606	70967	1082	2958	26	96641
2011	23298	76834	1257	4623	222	106253
2012	24947	81968	1257	6142	341	114676
2013	28044	87009	1466	7652	1589	125768
2014	30444	91819	2008	9686	2486	136463
2015	31937	99021	2717	12830	4158	150673

数据来源：2000-2013 年数据来自中国电力企业联合会历年《电力工业统计资料汇编》；2014-2015 年数据来自中国电力企业联合会《2015年全国电力工业统计快报》。

表 4-24 分电源发电装机结构

单位：%

年份	水电	火电	核电	风电	太阳能发电
2005	22.7	75.7	1.3	0.2	–
2010	22.4	73.4	1.1	3.1	0.0
2011	21.9	72.3	1.2	4.4	0.2
2012	21.8	71.5	1.1	5.4	0.3
2013	22.3	69.2	1.2	6.1	1.3
2014	22.3	67.3	1.5	7.1	1.8
2015	21.2	65.7	1.8	8.5	2.8

数据来源：根据表 4-23 数据计算得到。

表 4 –25　分电源发电装机结构国际比较

单位:%

国家/地区	水电	火电	核电	地热、风能、太阳能发电
世界	18.9	68.1	7.0	6.0
中国	**22.3**	**69.2**	**1.2**	**7.4**
美国	9.5	73.9	9.3	7.2
印度	15.2	82.9	1.8	0.0
俄罗斯	21.3	67.8	10.9	0.0
加拿大	57.0	26.1	10.1	6.8
法国	19.6	20.5	48.5	11.0
意大利	17.6	59.9	0.0	22.5
巴西	69.7	27.1	1.7	1.6
澳大利亚	12.6	77.3	0.0	10.1
南非	1.6	94.1	4.2	0.1

注：世界、巴西、南非、印度为 2012 年数据，其他国家为 2013 年数据。

数据来源：中国数据来自中国电力企业联合会《电力工业统计资料汇编 2013》；OECD 国家数据来自 IEA, Electricity Information 2015；其他非 OECD 国家数据来自 United Nations, 2012 Energy Statistics Yearbook。

表 4 −26 各地区分电源发电装机容量

单位：万千瓦

地　区	水电	火电	核电	风电	太阳能发电	其他	合计
北　京	101	970	−	15	2.5	1.0	1090
天　津	1	1323	−	29	4.7	−	1357
河　北	182	4283	−	963	114.5	1.9	5544
山　西	244	5564	−	455	41.3	−	6304
内蒙古	177	6710	−	2100	285.4	−	9273
辽　宁	293	3084	200	608	7.0	−	4192
吉　林	377	1768	−	408	6.1	0.3	2560
黑龙江	97	1948	−	454	1.1	0.4	2499
上　海	−	2138	−	37	8.7	−	2184
江　苏	114	7727	212	302	256.2	−	8611
浙　江	995	5746	549	73	49.8	0.4	7412
安　徽	288	3911	−	82	40.0	−	4322
福　建	1288	2667	327	159	7.8	−	4449
江　西	484	1537	−	37	20.4	−	2078
山　东	108	7203	−	622	30.6	7.1	7971
河　南	396	5735	−	44	20.1	−	6196
湖　北	3627	2501	−	77	8.6	0.6	6213
湖　南	1510	1983	−	70	4.9	−	3567
广　东	1323	6863	721	204	51.1	1.5	9163
广　西	1626	1572	−	12	4.5	−	3215
海　南	83	376	−	31	13.9	−	504
重　庆	652	1113	−	10	−	−	1774
四　川	6293	1547	−	29	5.4	−	7874
贵　州	1955	2482	−	233	−	−	4669
云　南	5361	1402	−	287	28.2	−	7078
西　藏	87	40	−	1	13.0	2.7	144
陕　西	253	2498	−	84	31.3	−	2866
甘　肃	814	1850	−	1008	517.3	3.0	4191
青　海	1143	242	−	32	412.4	−	1829
宁　夏	43	1790	−	418	173.4	−	2424
新　疆	573	3791	−	774	326.1	−	5464

注：本表数据为 2014 年数据。

数据来源：中国电力企业联合会《电力工业统计资料汇编 2014》。

表 4 –27　各地区分电源发电装机结构

单位:%

地　区	水电	火电	核电	风电	太阳能发电	其他
北　京	9.3	89.0	–	1.4	0.2	0.1
天　津	0.1	97.5	–	2.1	0.3	–
河　北	3.3	77.3	–	17.4	2.1	0.0
山　西	3.9	88.3	–	7.2	0.7	–
内蒙古	1.9	72.4	–	22.6	3.1	–
辽　宁	7.0	73.6	4.8	14.5	0.2	–
吉　林	14.7	69.1	–	15.9	0.2	0.0
黑龙江	3.9	78.0	–	18.2	0.0	0.0
上　海	–	97.9	–	1.7	0.4	–
江　苏	1.3	89.7	2.5	3.5	3.0	–
浙　江	13.4	77.5	7.4	1.0	0.7	0.0
安　徽	6.7	90.5	–	1.9	0.9	–
福　建	29.0	59.9	7.3	3.6	0.2	–
江　西	23.3	74.0	–	1.8	1.0	–
山　东	1.4	90.4	–	7.8	0.4	0.1
河　南	6.4	92.6	–	0.7	0.3	–
湖　北	58.4	40.3	–	1.2	0.1	0.0
湖　南	42.3	55.6	–	2.0	0.1	–
广　东	14.4	74.9	7.9	2.2	0.6	0.0
广　西	50.6	48.9	–	0.4	0.1	–
海　南	16.5	74.6	–	6.2	2.8	–
重　庆	36.8	62.7	–	0.6	–	–
四　川	79.9	19.6	–	0.4	0.1	–
贵　州	41.9	53.2	–	5.0	–	–
云　南	75.7	19.8	–	4.1	0.4	–
西　藏	60.4	27.8	–	0.7	9.0	1.9
陕　西	8.8	87.2	–	2.9	1.1	–
甘　肃	19.4	44.1	–	24.1	12.3	0.1
青　海	62.5	13.2	–	1.7	22.5	–
宁　夏	1.8	73.8	–	17.2	7.2	–
新　疆	10.5	69.4	–	14.2	6.0	–

注：本表数据为 2014 年数据。

数据来源：根据表 4 –26 数据计算得到。

表 4-28 35 千伏及以上变压器容量

单位：万千伏安

年份	合计	1000千伏	±800千伏	750千伏	±660千伏	500千伏	±500千伏	±400千伏	330千伏	220千伏	110千伏（含66千伏）	35千伏
2005	181677	-	-	300	-	24665	-	-	2557	56811	71508	25836
2006	210260	-	-	300	-	30310	-	-	3128	66768	81026	28728
2007	242443	-	-	300	-	41781	-	-	3951	76951	88658	30802
2008	279861	-	-	660	-	52588	-	-	4665	89685	99130	33133
2009	324771	600	593	1740	-	64145	-	-	5656	103498	112965	35574
2010	365095	600	2669	3870	79	69843	-	-	6590	118705	125231	37508
2011	407508	1800	2669	5110	946	76098	6011	71	7291	130531	137769	39212
2012	445899	1800	4360	5320	946	69056	21569	141	7714	144228	149231	41534
2013	483427	3900	4654	6500	948	90112	7637	141	8575	155699	161661	43600
2014	526685	5700	3180	8090	-	100011	14230	141	10493	167342	171588	45909

数据来源：中国电力企业联合会历年《电力统计资料汇编》。

· 119 ·

表 4-29 35 千伏及以上输电线路长度

单位：千米

年份	合计	1000千伏	±800千伏	750千伏	±660千伏	500千伏	±500千伏	±400千伏	330千伏	220千伏	110千伏（含66千伏）	35千伏
2006	1029497	—	—	141	—	77092	—	—	13762	195392	355517	387593
2007	1106345	—	—	141	—	96574	—	—	15493	216159	376752	401226
2008	1168857	—	—	630	—	107993	—	—	16717	233558	401310	408649
2009	1229370	639	1375	2747	—	108641	13298	—	19156	253573	422863	407077
2010	1344485	639	3334	6685	1095	135180	8081	—	20338	277988	458477	432668
2011	1418873	639	3334	10005	1400	140263	9174	1051	22267	295978	491322	443440
2012	1489108	639	5466	10088	1400	146250	9145	1051	22701	318217	517983	456168
2013	1554236	1936	6904	12666	1400	146166	10653	1031	24065	339075	545815	464525
2014	1628472	3111	10132	13881	1336	152107	11875	1640	25146	358377	566571	484296

数据来源：中国电力企业联合会历年《电力统计资料汇编》。

（五）非化石能源设施

表4－30　非化石能源发电装机容量

单位：万千瓦

年份	非化石能源发电	水电	其中：抽水蓄能	核电	风电	太阳能发电
2000	8178	7935	－	210	34	－
2001	8535	8301	－	210	－	－
2002	9102	8607	－	447		
2003	10164	9490	－	619	－	－
2004	11291	10524	－	684		
2005	12580	11739	－	685	106	
2006	13988	13029	－	685	207	
2007	16215	14823	－	885	420	
2008	18987	17260	－	885	839	
2009	22302	19629	－	908	1760	－
2010	25674	21606	1693	1082	2958	－
2011	29419	23298	1838	1257	4623	212
2012	32708	24947	2033	1257	6142	341
2013	38759	28044	2153	1466	7652	1589
2014	44625	30444	2211	2008	9686	2486
2015	51642	31937	2271	2717	12830	4158

数据来源：2000－2013年数据来自中国电力企业联合会历年《电力工业统计资料汇编》；2014－2015年数据来自中国电力企业联合会《2015年全国电力工业统计快报》。

表 4-31 水电装机容量国际比较

单位：万千瓦

国家/地区 \ 年份	2010	2011	2012	2013
中国	21606	23298	24947	28044
美国	10102	10095	10111	10159
巴西	8064	8246	8246	8429
加拿大	7508	7508	7557	7554
日本	4774	4842	4897	4893
印度	3763	3905	3905	3955
挪威	2900	2969	2997	3051
法国	2521	2533	2537	2544
意大利	2152	2174	2188	2201
西班牙	1854	1854	1855	1909
土耳其	1583	1713	1961	2229
瑞典	1673	1657	1641	1649
瑞士	1372	1558	1559	1564
委内瑞拉	1462	1462	1462	1462

数据来源：中国数据来自中国电力企业联合会历年《电力工业统计资料汇编》；OECD 国家数据来自 IEA，Electricity Information 2015；其他非 OECD 国家数据来自 United Nations，2012 Energy Statistics Yearbook。

表4-32　分地区水电装机容量

单位：万千瓦

年份 地区	2010	2011	2012	2013	2014	2014 占比（%）
北　京	105	105	102	101	101	0.3
天　津	1	1	1	1	1	0.003
河　北	179	179	179	181	182	0.6
山　西	182	243	243	243	244	0.8
内蒙古	85	85	108	108	177	0.6
辽　宁	147	147	272	273	293	1.0
吉　林	427	433	442	445	377	1.2
黑龙江	94	96	97	97	97	0.3
江　苏	114	114	114	114	114	0.4
浙　江	969	971	984	986	995	3.3
安　徽	169	200	278	282	288	0.9
福　建	1111	1125	1140	1285	1288	4.2
江　西	404	411	420	457	484	1.6
山　东	107	107	108	108	108	0.4
河　南	365	395	395	395	396	1.3
湖　北	3085	3386	3595	3616	3627	11.9
湖　南	1299	1337	1372	1401	1510	5.0
广　东	1260	1302	1306	1319	1323	4.3
广　西	1494	1526	1536	1582	1626	5.3
海　南	75	81	81	83	83	0.3
重　庆	488	598	611	642	652	2.1
四　川	3070	3342	3964	5266	6293	20.6
贵　州	1655	1866	1728	1908	1955	6.4
云　南	2435	2842	3306	4409	5361	17.6
西　藏	44	54	54	58	87	0.3
陕　西	221	232	250	251	253	0.8
甘　肃	611	655	730	755	814	2.7
青　海	1068	1096	1101	1118	1143	3.7
宁　夏	43	43	43	43	43	0.1
新　疆	299	327	385	517	573	1.9

数据来源：中国电力企业联合会历年《电力工业统计资料汇编》。

表4-33 核电装机容量国际比较

单位：万千瓦

国家/地区 \ 年份	2010	2011	2012	2013
美国	10117	10142	10189	9924
法国	6313	6313	6313	6313
日本	4896	4896	4615	4426
德国	2047	1205	1207	1207
韩国	1772	1872	2072	2072
加拿大	1267	1267	1267	1337
中国	**1082**	**1257**	**1257**	**1466**
英国	1087	1066	995	991
瑞典	898	932	944	941
西班牙	742	745	745	698
比利时	593	593	593	593
印度	478	478	478	478
捷克	390	390	404	404
瑞士	325	328	328	328

数据来源：中国数据来自中国电力企业联合会历年《电力工业统计资料汇编》；OECD 国家数据来自 IEA，Electricity Information 2015；其他非 OECD 国家数据来自 United Nations，2012 Energy Statistics Yearbook。

表4-34 分地区核电装机容量

单位：万千瓦

地区 \ 年份	2010	2011	2012	2013	2014	2014 占比（%）
辽 宁	-	-	-	100	200	10.0
江 苏	212	212	212	212	212	10.6
浙 江	367	433	433	433	549	27.3
福 建	-	-	-	109	327	16.3
广 东	503	612	612	612	721	35.9

数据来源：中国电力企业联合会历年《电力工业统计资料汇编》。

表 4 - 35 风电装机容量国际比较

单位：万千瓦

年份 国家/地区	2010	2011	2012	2013	2014	2014 占比（%）
世界	19787	23913	28424	32094	37296	100.0
中国	**4478**	**6241**	**7537**	**9141**	**11461**	**30.7**
美国	4027	4708	6021	6129	6615	17.7
德国	2719	2907	3132	3740	4050	10.9
西班牙	1985	2124	2236	2290	2299	6.2
印度	1307	1618	1842	2015	2247	6.0
英国	538	649	887	1121	1281	3.4
加拿大	401	528	621	781	968	2.6
法国	596	684	759	812	914	2.5
意大利	579	673	800	845	856	2.3
巴西	93	143	251	345	623	1.7
瑞典	214	290	375	447	552	1.5
丹麦	381	393	414	475	478	1.3
葡萄牙	384	421	436	456	468	1.3
澳大利亚	208	248	283	349	406	1.1
波兰	123	167	255	344	389	1.0
土耳其	132	173	226	276	376	1.0

数据来源：BP Statistical Review of World Energy 2015.

表 4-36　分地区风电装机容量

单位：万千瓦

地区 年份	2010	2011	2012	2013	2014	2014 占比（%）
北　京	11	15	15	15	15	0.2
天　津	3	13	23	23	29	0.3
河　北	372	447	675	825	963	10.0
山　西	37	90	198	316	455	4.7
内蒙古	973	1457	1693	1854	2100	21.7
辽　宁	308	402	476	563	608	6.3
吉　林	221	285	330	377	408	4.2
黑龙江	191	255	323	392	454	4.7
上　海	14	21	27	32	37	0.4
江　苏	137	158	193	256	302	3.1
浙　江	25	32	40	45	73	0.8
安　徽	-	20	30	49	82	0.8
福　建	55	82	113	146	159	1.6
江　西	8	13	20	30	37	0.4
山　东	138	246	382	500	622	6.4
河　南	5	11	15	27	44	0.5
湖　北	6	10	17	35	77	0.8
湖　南	4	11	19	34	70	0.7
广　东	62	74	139	174	204	2.1
广　西	-	5	10	12	12	0.1
海　南	21	25	30	30	31	0.3
重　庆	5	5	5	10	10	0.1
四　川	-	2	2	11	29	0.3
贵　州	-	4	96	135	233	2.4
云　南	34	67	131	165	287	3.0
陕　西	-	10	15	59	84	0.9
甘　肃	139	555	597	703	1008	10.4
青　海	-	2	2	10	32	0.3
宁　夏	51	117	236	302	418	4.3
新　疆	136	188	292	521	774	8.0

数据来源：中国电力企业联合会历年《电力工业统计资料汇编》。

表 4-37 太阳能发电装机容量国际比较

单位：万千瓦

国家/地区 ＼ 年份	2010	2011	2012	2013	2014	2014 占比（％）
世界	4135	7130	10156	14015	18040	100.0
德国	1790	2540	3300	3630	3820	21.2
中国	**80**	**330**	**680**	**1764**	**2820**	**15.6**
日本	362	491	663	1360	2330	12.9
意大利	350	1281	1645	1807	1846	10.2
美国	204	396	733	1208	1828	10.1
法国	120	297	409	473	566	3.1
西班牙	435	490	522	533	536	3.0
英国	9	99	175	278	523	2.9
澳大利亚	57	138	242	323	414	2.3
比利时	107	209	277	301	307	1.7
以色列	18	48	118	232	306	1.7
希腊	21	62	154	258	260	1.4
韩国	66	74	103	148	238	1.3

数据来源：BP Statistical Review of World Energy 2015.

表 4-38 分地区太阳能发电装机容量

单位：万千瓦

地区＼年份	2010	2011	2012	2013	2014	2014 占比（%）
北 京	–	–	–	–	2.5	0.1
天 津	–	–	0.2	1.6	4.7	0.2
河 北	–	–	–	25.1	114.5	4.6
山 西	–	1.5	1.5	3.5	41.3	1.7
内蒙古	–	8.7	20.5	136.8	285.4	11.5
辽 宁	–	–	1.0	2.3	7.0	0.3
吉 林	–	–	–	1.0	6.1	0.2
黑龙江	–	–	–	1.1	1.1	0.0
上 海	0.7	0.7	0.7	0.7	8.7	0.3
江 苏	7.0	33.1	43.2	104.6	256.2	10.3
浙 江	–	–	1.2	18.0	49.8	2.0
安 徽	–	–	1.9	5.0	40.0	1.6
福 建	–	–	0.1	2.6	7.8	0.3
江 西	–	–	1.6	8.5	20.4	0.8
山 东	1.8	3.5	6.6	11.8	30.6	1.2
河 南	–	–	–	2.0	20.1	0.8
湖 北	–	–	1.2	4.8	8.6	0.3
湖 南	–	–	–	0.1	4.9	0.2
广 东	–	0.8	0.8	4.4	51.1	2.1
广 西	–	–	–	4.2	4.5	0.2
海 南	–	2.0	2.0	8.9	13.9	0.6
四 川	–	–	–	3.3	5.4	0.2
云 南	2.0	2.0	3.0	11.0	28.2	1.1
西 藏	–	4.0	8.0	11.0	13.0	0.5
陕 西	–	2.0	2.1	6.3	31.3	1.3
甘 肃	2.0	11.1	38.2	429.8	517.3	20.8
青 海	–	93.8	136.3	348.1	412.4	16.6
宁 夏	9.0	49.1	53.1	155.1	173.4	7.0
新 疆	–	–	18.0	277.1	326.1	13.1

数据来源：中国电力企业联合会历年《电力工业统计资料汇编》。

五、能源生产

（一）综合能源生产

表5-1 一次能源生产量

年份	生产总量		人均生产量		日均生产量		自给率（%）
	绝对额（亿吨标准煤）	增速（%）	绝对额（万吨标准煤/人）	增速（%）	绝对额（万吨标准煤/日）	增速（%）	
2000	13.86	4.8	1.10	4.2	379	4.5	96.1
2001	14.74	6.0	1.16	5.7	404	6.3	96.6
2002	15.63	5.7	1.22	5.3	428	5.7	94.2
2003	17.83	12.4	1.38	13.3	488	12.4	92.9
2004	20.61	13.5	1.59	14.9	563	13.3	91.7
2005	22.90	10.0	1.76	10.5	627	10.3	90.0
2006	24.48	6.4	1.87	6.3	671	6.4	87.8
2007	26.42	7.3	2.00	7.4	724	7.3	86.8
2008	27.74	4.8	2.09	4.4	758	4.5	87.8
2009	28.61	3.0	2.15	2.6	784	3.3	85.8
2010	31.21	8.3	2.40	11.6	855	8.3	85.4
2011	34.02	8.2	2.53	5.5	932	8.2	87.1
2012	35.10	3.1	2.60	2.7	959	2.8	86.1
2013	35.88	2.2	2.64	1.7	983	2.4	86.0
2014	36.19	0.9	2.65	0.3	991	0.9	84.9
2015	36.20	0.0	2.64	-0.5	992	0.0	84.2

注：自给率＝一次能源生产总量/一次能源供应总量；2015年自给率＝一次能源生产总量/能源消费总量。

数据来源：2000-2014年数据来自国家统计局《中国能源统计年鉴2015》，2015年数据来自国家统计局《能源革命谱新篇 节能降耗见成效——十八大以来我国能源发展状况》。

表 5 - 2　一次能源生产量国际比较

指标　　　国家/地区	生产总量（万吨标准煤）	占比（%）	日均生产量（万吨标准煤/日）	人均生产量（吨标准煤/人）	自给率（%）
世界	1942015	100.0	5321	2.71	100.4
OECD	568146	29.3	1557	4.50	75.0
非OECD	1373870	70.7	3764	2.32	121.9
中国	**366525**	**18.9**	**1004**	**2.70**	**85.3**
美国	268719	13.8	736	8.49	86.0
俄罗斯	191458	9.9	525	13.34	183.4
欧盟	113315	5.8	310	2.24	48.8
沙特	87783	4.5	241	29.07	319.7
印度	74763	3.8	205	0.58	67.5
印尼	65712	3.4	180	2.62	215.3
加拿大	62152	3.2	170	17.68	171.8
澳大利亚	49129	2.5	135	21.24	266.3
伊朗	42705	2.2	117	5.54	130.9
尼日利亚	36523	1.9	100	2.11	191.4
巴西	36132	1.9	99	1.77	86.1
卡塔尔	31997	1.6	88	152.27	557.5
科威特	31997	1.6	88	89.04	638.8
墨西哥	30929	1.6	85	2.50	113.2
阿联酋	28809	1.5	79	31.87	290.1
委内瑞拉	27449	1.4	75	9.07	279.4
挪威	27375	1.4	75	53.89	585.9
南非	23674	1.2	65	4.45	117.3
哈萨克斯坦	24153	1.2	66	14.18	207.3
伊拉克	22512	1.2	62	6.66	315.0
阿尔及利亚	19667	1.0	54	5.15	289.3
法国	19464	1.0	53	2.95	53.8

注：（1）本表数据为2013年数据，占比为占世界一次能源生产总量的比重；（2）IEA的统计范围除了煤炭、石油、天然气、核电、水电和其他可再生能源等商品能源之外，还包括农村生物燃料等非商品能源；（3）标准量折算采用电热当量计算法，自给率 = 生产总量/供应总量。

数据来源：IEA, World Energy Balances（2015 edition）.

表5-3 一次能源生产结构（发电煤耗计算法）

单位：%

年份	原煤	原油	天然气	一次电力及其他能源	水电	核电
2000	72.9	16.8	2.6	7.7	6.1	0.5
2001	72.6	15.9	2.7	8.8	7.1	0.4
2002	73.1	15.3	2.8	8.8	6.8	0.6
2003	75.7	13.6	2.6	8.1	5.8	0.9
2004	76.7	12.2	2.7	8.4	6.2	0.9
2005	77.4	11.3	2.9	8.4	6.2	0.8
2006	77.5	10.8	3.2	8.5	6.3	0.8
2007	77.8	10.1	3.5	8.6	6.3	0.8
2008	76.8	9.8	3.9	9.5	7.1	0.8
2009	76.8	9.4	4.0	9.8	7.1	0.8
2010	76.2	9.3	4.1	10.4	7.4	0.8
2011	77.8	8.5	4.1	9.6	6.5	0.8
2012	76.2	8.5	4.1	11.2	7.8	0.9
2013	75.4	8.4	4.4	11.8	8.0	1.0
2014	73.6	8.4	4.7	13.3	9.1	1.1
2015	72.1	8.5	4.9	14.5	-	-

　　数据来源：2000-2014年数据来自国家统计局《中国能源统计年鉴2014》《中国能源统计年鉴2015》；2015年数据来自国家统计局《能源革命谱新篇 节能降耗见成效——十八大以来我国能源发展状况》。

表5-4 一次能源生产结构（电热当量计算法）

单位:%

年份	原煤	原油	天然气	一次电力及其他能源		
					水电	核电
2000	76.3	17.6	2.7	3.4	2.1	0.2
2001	76.5	16.7	2.9	3.9	2.4	0.2
2002	77.0	16.1	2.9	4.0	2.4	0.2
2003	79.3	14.2	2.7	3.8	2.0	0.3
2004	80.5	12.8	2.8	3.9	2.2	0.3
2005	81.2	11.9	3.0	3.9	2.2	0.3
2006	81.4	11.3	3.3	4.0	2.3	0.3
2007	81.6	10.6	3.7	4.1	2.4	0.3
2008	81.0	10.3	4.1	4.6	2.7	0.3
2009	81.0	10.0	4.2	4.8	2.8	0.3
2010	80.7	9.8	4.3	5.2	3.0	0.3
2011	81.9	9.0	4.3	4.8	2.7	0.3
2012	81.0	9.0	4.4	5.6	3.2	0.4
2013	80.4	8.9	4.7	6.0	3.4	0.4
2014	79.2	9.0	5.0	6.8	3.9	0.5

数据来源：国家统计局《中国能源统计年鉴2014》《中国能源统计年鉴2015》。

表5-5 一次能源生产结构国际比较

单位:%

品种 国家/地区	原煤	原油	天然气	核电	水电	其他
世界	29.1	31.0	21.4	4.8	2.4	11.3
OECD	24.0	25.0	25.7	12.9	3.1	9.4
非OECD	31.3	33.5	19.6	1.4	2.1	12.1
中国	**73.8**	**8.2**	**3.9**	**1.1**	**3.0**	**9.8**
美国	25.4	25.3	30.1	11.4	1.2	6.6
俄罗斯	13.7	39.1	42.0	3.4	1.2	0.6
欧盟	19.7	9.0	16.6	28.8	4.0	21.8
沙特	0.0	89.1	10.9	0.0	0.0	0.0
印度	45.5	8.2	5.5	1.7	2.3	36.7
印尼	61.1	9.2	13.7	0.0	0.3	15.7
加拿大	8.1	44.9	30.0	6.2	7.7	3.2
澳大利亚	76.7	5.8	15.2	0.0	0.5	1.8
伊朗	0.2	54.0	44.7	0.5	0.4	0.2
尼日利亚	0.0	45.4	11.9	0.0	0.2	42.6
巴西	1.3	43.5	7.1	1.5	13.3	33.3
卡塔尔	0.0	35.2	64.8	0.0	0.0	0.0
科威特	0.0	35.2	64.8	0.0	0.0	0.0
墨西哥	3.5	69.3	18.7	1.4	1.1	6.0
阿联酋	0.0	78.1	21.9	0.0	0.0	0.0
委内瑞拉	0.4	85.3	10.2	0.0	3.7	0.4
挪威	0.6	42.8	49.9	0.0	5.8	0.9
南非	87.5	0.1	0.6	2.2	0.1	9.5
哈萨克斯坦	31.0	50.4	18.2	0.0	0.4	0.0
伊拉克	0.0	95.9	3.8	0.0	0.3	0.0
阿尔及利亚	0.0	49.9	50.0	0.0	0.0	0.0
法国	0.1	0.7	0.2	81.0	4.4	13.4

注:(1)本表数据为2013年数据;(2)IEA的统计范围除了煤炭、石油、天然气、核电、水电和其他可再生能源等商品能源之外,还包括农村生物燃料等非商品能源;(3)标准量折算采用电热当量计算法。

数据来源:IEA,World Energy Balances(2015 edition)。

（二）煤炭生产

表5-6 原煤生产量

指标 年份	生产总量		人均生产量		日均生产量		自给率（%）
	绝对额（亿吨）	增速（%）	绝对额（吨/人）	增速（%）	绝对额（万吨/日）	增速（%）	
2000	13.84	1.5	1.10	0.7	378	7.8	105.0
2001	14.72	6.3	1.16	5.5	403	6.6	106.2
2002	15.50	5.4	1.21	4.7	425	5.4	104.3
2003	18.35	18.4	1.42	17.6	503	18.4	103.1
2004	21.23	15.7	1.64	15.0	580	15.4	103.3
2005	23.65	11.4	1.81	10.8	648	11.7	100.4
2006	25.70	8.6	1.96	8.0	704	8.6	98.3
2007	27.60	7.4	2.09	6.8	756	7.4	97.6
2008	29.03	5.2	2.19	4.7	793	4.9	98.7
2009	31.15	7.3	2.34	6.8	854	7.6	96.9
2010	34.28	10.1	2.56	9.5	939	10.1	96.4
2011	37.64	9.8	2.80	9.3	1031	9.8	95.5
2012	39.45	4.8	2.92	4.3	1078	4.5	94.0
2013	39.74	0.7	2.93	0.2	1089	1.0	93.1
2014	38.74	-2.5	2.84	-3.0	1061	-2.5	93.9
2015	37.50	-3.2	2.73	-3.7	1027	-3.2	94.7

注：自给率＝原煤生产量/原煤供应量；2015年自给率＝原煤生产量/煤炭消费量。

数据来源：2000－2014年数据来自国家统计局《中国能源统计年鉴2014》《中国能源统计年鉴2015》；2015年原煤生产量数据来自国家统计局《2015年国民经济和社会发展统计公报》。

表 5 - 7　煤炭生产量国际比较

单位：百万吨

国家/地区　　　年份	2010	2011	2012	2013	2014	2014 占比（%）
世界	7472.9	7968.6	8186.9	8230.7	8164.9	100.0
OECD	2086.5	2104.7	2054.6	2024.9	2046.4	25.4
非 OECD	5386.3	5863.9	6132.4	6205.8	6118.5	74.6
中国	**3428.0**	**3764.0**	**3945.0**	**3974.0**	**3874.0**	**46.9**
美国	983.7	993.9	922.1	893.4	906.9	12.9
印尼	275.2	353.3	385.9	449.1	458.0	7.2
澳大利亚	433.4	420.8	444.9	470.8	491.5	7.1
印度	573.8	570.1	606.5	605.1	644.0	6.2
俄罗斯	322.8	337.4	358.3	355.2	357.6	4.3
南非	254.5	252.8	258.6	256.4	260.5	3.8
哥伦比亚	74.4	85.8	89.0	85.5	88.6	1.5
波兰	133.2	139.3	144.1	142.9	137.1	1.4
哈萨克斯坦	106.6	111.4	115.7	114.4	108.7	1.4
德国	182.6	188.8	196.5	190.3	185.8	1.1
加拿大	68.0	67.5	67.6	68.7	68.8	0.9
乌克兰	77.3	85.1	87.3	85.6	60.9	0.8
越南	44.8	46.6	42.1	41.0	41.2	0.6
土耳其	73.4	76.0	71.5	60.4	70.6	0.5
捷克	55.2	57.9	55.0	49.0	46.9	0.4
希腊	56.5	58.7	63.0	53.9	49.3	0.2
保加利亚	29.4	37.1	33.4	28.6	31.3	0.1
罗马尼亚	31.1	35.5	33.9	24.7	23.6	0.1
泰国	18.3	21.3	18.1	18.1	18.0	0.1

数据来源：BP Statistical Review of World Energy 2015.

表5-8 分地区原煤生产量

单位：万吨

地区＼年份	2010	2011	2012	2013	2014	2014 占比（％）
全　国	342845	376444	394513	397432	387392	－
地区加总	353953	395309	416000	397443	387389	100.0
北　京	500	500	493	500	457	0.1
天　津	－	－	－	－	－	－
河　北	10199	10585	11772	7739	7345	1.9
山　西	74096	87228	91333	92167	92794	24.0
内蒙古	78665	97961	104191	99055	93391	25.7
辽　宁	7525	7121	6598	5658	5001	1.3
吉　林	5239	5393	6336	3060	3100	0.8
黑龙江	9707	9820	9129	7988	7059	1.8
上　海	－	－	－	－	－	－
江　苏	2091	2100	2104	2011	2019	0.5
浙　江	15	15	15	9	－	－
安　徽	13346	14080	15049	13885	12804	3.3
福　建	2525	2620	2051	1681	1590	0.4
江　西	2912	3237	2950	2986	2814	0.7
山　东	15654	16114	17668	14962	14684	3.8
河　南	22384	20957	15879	16042	14415	3.7
湖　北	1292	953	887	1096	1057	0.2
湖　南	7903	8414	9032	7229	5553	1.4
广　东	－	－	－	－	－	－
广　西	758	784	754	697	615	0.2
海　南	－	－	－	－	－	－
重　庆	4575	4364	3572	3910	3884	1.0
四　川	9248	9377	9471	6588	7663	2.0
贵　州	15954	15601	18107	18518	18508	4.8
云　南	9763	9957	10385	10686	4741	1.2
西　藏	－	－	－	－	－	－
陕　西	36164	41135	46767	50323	52226	13.5
甘　肃	4688	4701	4878	4521	4753	1.2
青　海	2016	2176	2606	3128	1833	0.5
宁　夏	6808	8124	8598	8800	8563	2.2
新　疆	9927	11992	15375	14204	14520	3.7

数据来源：国家统计局历年《中国能源统计年鉴》。

表 5-9　焦炭生产量

年份	焦炭生产量		人均焦炭生产量		日均焦炭生产量	
	绝对额（万吨）	增速（%）	绝对额（吨/人）	增速（%）	绝对额（万吨/日）	增速（%）
2000	12184	0.9	0.10	0.1	33.3	0.6
2001	13131	7.8	0.11	7.0	36.0	8.1
2002	14280	8.8	0.11	8.0	39.1	8.8
2003	17776	24.5	0.14	23.7	48.7	24.5
2004	20619	16.0	0.16	15.3	56.3	15.7
2005	26512	28.6	0.20	27.8	72.6	28.9
2006	30074	13.4	0.23	12.8	82.4	13.4
2007	33105	10.1	0.25	9.5	90.7	10.1
2008	32314	-2.4	0.24	-2.9	88.3	-2.7
2009	35744	10.6	0.27	10.1	97.9	10.9
2010	38658	8.2	0.29	7.6	105.9	8.2
2011	43433	12.4	0.32	11.8	119.0	12.4
2012	43831	0.9	0.32	0.4	119.8	0.6
2013	48348	10.3	0.36	9.8	132.5	10.6
2014	47981	-0.8	0.35	-1.3	131.5	-0.8

注：人均量根据年中人口数计算。

数据来源：国家统计局历年《中国能源统计年鉴》；国家统计局网站 http：//data. stats. gov. cn/.

表5－10 分地区焦炭生产量

单位：万吨

年份 地区	2010	2011	2012	2013	2014	2014 占比（%）
全　国	38658	43433	43831	48348	47981	－
地区加总	38864	43273	44780	48181	47983	100.0
北　京	161	－	－	－	－	－
天　津	238	234	229	260	229	0.5
河　北	5046	6290	6701	6382	5614	11.7
山　西	8505	9010	8608	9022	8766	18.3
内蒙古	2034	2482	2569	3180	3446	7.2
辽　宁	1876	2027	2021	2147	2141	4.5
吉　林	411	485	524	489	448	0.9
黑龙江	957	1011	957	821	803	1.7
上　海	631	641	633	540	489	1.0
江　苏	1394	1855	2052	2253	2396	5.0
浙　江	282	292	295	296	297	0.6
安　徽	875	869	899	904	930	1.9
福　建	143	151	190	167	196	0.4
江　西	799	876	810	831	868	1.8
山　东	3429	3973	4225	4396	4608	9.6
河　南	2572	2417	2361	2766	2898	6.0
湖　北	947	994	922	943	932	1.9
湖　南	582	677	640	652	660	1.4
广　东	195	194	178	178	193	0.4
广　西	392	411	420	540	606	1.3
重　庆	359	397	332	349	267	0.6
四　川	1159	1281	1312	1400	1356	2.8
贵　州	713	685	839	891	762	1.6
云　南	1607	1603	1573	1747	1508	3.1
陕　西	1571	2172	2894	3475	3835	8.0
甘　肃	244	263	338	458	583	1.2
青　海	130	168	240	252	133	0.3
宁　夏	424	438	577	705	784	1.6
新　疆	1188	1377	1441	2137	2235	4.7

数据来源：国家统计局历年《中国能源统计年鉴》。

（三）石油生产

表 5-11　原油生产量

年份	生产总量		日均生产量		石油自给率（％）
	绝对额（亿吨）	增速（％）	（万吨）	（万桶）	
2000	1.63	1.9	44.5	326	72.0
2001	1.64	0.6	44.9	329	70.7
2002	1.67	1.9	45.8	335	67.0
2003	1.70	1.6	46.5	341	61.5
2004	1.76	3.7	48.1	352	54.8
2005	1.81	3.1	49.7	364	55.7
2006	1.85	1.9	50.6	371	52.9
2007	1.86	0.8	51.0	374	50.8
2008	1.90	2.2	52.0	381	51.0
2009	1.89	-0.5	51.9	381	49.0
2010	2.03	7.1	55.6	408	46.0
2011	2.03	-0.1	55.6	407	44.4
2012	2.07	2.3	56.7	416	43.3
2013	2.10	1.2	57.5	422	42.0
2014	2.11	0.7	57.9	425	40.8
2015	2.15	1.5	58.8	431	39.0

注：石油自给率＝原油生产总量/石油供应量；每吨按7.33桶折算。

数据来源：2000－2013年数据来自国家统计局《中国能源统计年鉴2014》；2014年数据来自国家统计局《中国能源统计年鉴2015》；2015年数据来自国家统计局《2015年国民经济和社会发展统计公报》。

表5-12 原油生产量国际比较

国家/地区	生产总量 （亿吨）	占比 （%）	日均生产量		石油自给 率（%）
			（万吨）	（万桶）	
世界	42.21	100.0	1156	8867	100.2
OPEC	17.30	41.0	474	3659	—
非OPEC	24.91	59.0	682	5208	—
沙特	5.43	12.9	149	1150	382.7
俄罗斯	5.34	12.7	146	1084	360.6
美国	5.20	12.3	142	1164	62.2
中国	2.11	5.0	58	425	40.6
加拿大	2.10	5.0	57	429	203.6
伊朗	1.69	4.0	46	361	181.6
阿联酋	1.67	4.0	46	371	425.1
伊拉克	1.60	3.8	44	329	—
科威特	1.51	3.6	41	312	679.5
委内瑞拉	1.39	3.3	38	272	361.8
墨西哥	1.37	3.2	38	278	160.8
巴西	1.22	2.9	33	235	85.7
尼日利亚	1.13	2.7	31	236	—
挪威	0.86	2.0	23	189	827.6
卡塔尔	0.84	2.0	23	198	823.7
安哥拉	0.83	2.0	23	171	—
哈萨克斯坦	0.81	1.9	22	170	621.8
阿尔及利亚	0.66	1.6	18	153	366.6
哥伦比亚	0.52	1.2	14	99	360.9
阿曼	0.46	1.1	13	94	—
阿塞拜疆	0.42	1.0	12	85	923.4
印度	0.42	1.0	11	89	23.2
印尼	0.41	1.0	11	85	55.8

注：本表数据为2014年数据；石油自给率=原油生产总量/石油消费总量。

数据来源：BP Statistical Review of World Energy 2015.

表5-13 分地区原油生产量

单位：万吨

地　区	2010	2011	2012	2013	2014
全　国	20301	20288	20748	20992	21143
地区加总	20301	20288	20748	20992	21143
北　京	－	－	－	－	－
天　津	3333	3188	3098	3045	3075
河　北	599	586	584	591	592
山　西	－	－	－	－	－
内蒙古	－	－	－	－	21
辽　宁	950	1000	1000	1001	1022
吉　林	702	739	810	704	664
黑龙江	4005	4006	4002	4001	4000
上　海	8	8	5	8	6
江　苏	186	189	195	201	206
浙　江	－	－	－	－	－
安　徽	－	－	－	－	－
福　建	－	－	－	－	－
江　西	－	－	－	－	－
山　东	2786	2713	2775	2726	2713
河　南	498	486	477	477	470
湖　北	87	79	79	80	79
湖　南	－	－	－	－	－
广　东	1287	1153	1209	1292	1245
广　西	3	2	2	44	59
海　南	20	20	19	26	29
重　庆	－	－	－	－	－
四　川	15	16	18	22	19
贵　州	－	－	－	－	－
云　南	－	－	－	－	－
西　藏	－	－	－	－	－
陕　西	3017	3225	3528	3688	3768
甘　肃	58	63	70	73	71
青　海	186	195	205	215	220
宁　夏	3	4	2	6	8
新　疆	2558	2616	2671	2792	2875

数据来源：国家统计局《中国能源统计年鉴2015》。

表 5-14 主要品种石油生产量

单位：万吨

年份	原油	汽油	煤油	柴油	燃料油	液化石油气
2000	16300	4135	872	7080	2054	917
2001	16396	4155	789	7486	1864	952
2002	16700	4376	826	7796	1846	1037
2003	16960	4836	855	8633	2005	1212
2004	17587	5265	962	10104	2029	1417
2005	18135	5434	1006	11090	1767	1433
2006	18477	5595	975	11653	1885	1745
2007	18632	5918	1153	12359	1967	1945
2008	19044	6347	1159	13409	1737	1915
2009	18949	7321	1480	14079	1353	1832
2010	20301	7410	1924	14924	2487	2092
2011	20288	8118	1922	15690	2282	2241
2012	20748	8976	2164	17064	2253	2269
2013	20992	9834	2524	17276	2776	2513
2014	21143	11030	3081	17635	3542	2706
2015	21456	12104	3659	18008	–	–

数据来源：2000-2013 年数据来自国家统计局《中国能源统计年鉴 2014》；2014 年数据来自国家统计局《中国能源统计年鉴 2015》；2015 年原油数据来自国家统计局《2015 年国民经济和社会发展统计公报》；2015 年汽油、煤油、柴油数据来自国家统计局网站 http：//www.stats.gov.cn/.

表 5－15　分地区汽油产量

单位：万吨

年份 地区	2010	2011	2012	2013	2014
北　京	257	251	262	243	299
天　津	165	178	184	211	200
河　北	270	293	294	305	322
山　西	3	3	－	10	3
内蒙古	42	34	15	148	152
辽　宁	1058	1017	1088	1060	1058
吉　林	163	194	195	202	208
黑龙江	463	482	464	481	430
上　海	260	274	305	499	472
江　苏	287	299	344	452	564
浙　江	305	315	285	285	308
安　徽	97	96	83	127	231
福　建	150	137	170	149	324
江　西	109	101	131	178	174
山　东	1195	1286	1525	1671	2188
河　南	208	191	239	222	210
湖　北	240	243	241	281	279
湖　南	126	191	241	241	199
广　东	636	636	674	760	873
广　西	77	230	301	337	409
海　南	263	295	303	234	218
重　庆	－	－	－	－	－
四　川	58	76	65	74	195
贵　州	－	－	－	－	－
云　南	－	－	－	－	3
西　藏	－	－	－	－	－
陕　西	573	611	738	745	766
甘　肃	288	399	375	390	381
青　海	41	46	42	45	49
宁　夏	77	47	174	205	194
新　疆	268	234	239	277	321

数据来源：国家统计局《中国能源统计年鉴 2015》。

表 5 - 16 分地区煤油产量

单位：万吨

地区\年份	2010	2011	2012	2013	2014
北　京	116.1	126.4	132.9	99.4	152.3
天　津	81.2	115.0	94.5	130.8	134.1
河　北	4.3	－	0.3	13.7	13.5
山　西	－	－	－	－	－
内蒙古	－	－	－	2.2	7.8
辽　宁	224.2	222.0	293.3	355.9	380.5
吉　林	－	－	－	－	8.8
黑龙江	31.5	34.7	42.3	64.0	74.0
上　海	149.3	150.1	165.1	222.7	244.6
江　苏	165.6	201.3	231.6	244.8	290.4
浙　江	154.6	162.9	156.2	209.0	218.8
安　徽	－	－	－	－	－
福　建	94.7	106.8	103.2	79.3	118.4
江　西	－	－	3.2	21.9	24.4
山　东	86.7	92.2	114.9	163.5	199.5
河　南	56.9	47.7	72.1	78.3	72.6
湖　北	46.2	51.2	50.9	63.8	84.8
湖　南	4.8	12.5	28.3	35.2	39.0
广　东	344.0	366.1	399.1	438.3	535.0
广　西	3.3	18.4	35.1	23.8	90.3
海　南	44.6	68.1	78.0	90.6	138.6
重　庆	－	－	－	－	－
四　川	1.1	0.9	1.2	1.9	0.4
贵　州	－	－	－	－	－
云　南	－	－	－	－	－
西　藏	－	－	－	－	－
陕　西	27.7	25.7	30.8	29.8	35.3
甘　肃	32.3	31.7	39.4	75.3	64.0
青　海	－	－	－	－	－
宁　夏	－	－	－	7.0	8.7
新　疆	45.6	46.1	59.0	62.7	65.3

数据来源：国家统计局《中国能源统计年鉴2015》。

表 5-17　分地区柴油产量

单位：万吨

地区＼年份	2010	2011	2012	2013	2014
北　京	350.4	355.7	319.1	247.2	267.0
天　津	602.7	646.0	607.1	659.5	582.4
河　北	486.9	538.3	547.0	438.5	394.4
山　西	0.2	—	—	—	—
内蒙古	79.3	93.6	76.4	207.9	214.7
辽　宁	2379.8	2284.8	2358.0	2391.3	2331.0
吉　林	322.2	412.9	383.4	388.0	382.1
黑龙江	615.5	609.1	573.0	584.5	530.5
上　海	773.6	798.9	822.1	859.3	685.1
江　苏	808.3	746.8	678.7	759.1	687.3
浙　江	832.6	870.9	801.8	769.1	713.9
安　徽	196.0	208.2	180.0	225.1	303.3
福　建	388.0	253.2	327.7	283.4	560.0
江　西	190.8	193.9	229.0	204.8	179.6
山　东	2263.9	2463.5	2666.4	2885.1	3244.3
河　南	297.6	274.3	310.6	250.2	191.2
湖　北	379.6	389.3	354.8	464.3	459.7
湖　南	215.0	291.6	342.5	322.4	243.3
广　东	1531.0	1551.7	1539.9	1580.7	1503.7
广　西	145.5	474.8	650.9	595.5	574.8
海　南	346.0	319.2	294.0	229.7	280.9
重　庆	0.6	—	0.4	0.4	—
四　川	83.3	86.6	86.0	59.1	313.6
贵　州	—	—	—	—	—
云　南	—	—	—	—	—
西　藏	—	—	—	—	—
陕　西	854.4	853.3	921.5	884.0	895.8
甘　肃	619.9	736.0	685.0	660.5	628.4
青　海	56.7	73.0	67.5	65.5	62.0
宁　夏	92.3	53.3	182.0	197.7	193.1
新　疆	976.1	1097.4	1059.1	1063.2	1213.4

数据来源：国家统计局《中国能源统计年鉴 2015》。

（四）天然气生产

表5-18 天然气生产量

年份	生产总量 （亿立方米）	生产总量 增速（%）	日均生产量 （亿立方米/日）	人均生产量 （立方米/人）	自给率 （%）
2000	272	7.9	0.74	21.5	113.0
2001	303	11.5	0.83	23.8	111.1
2002	327	7.7	0.89	25.5	110.9
2003	350	7.2	0.96	27.2	105.7
2004	415	18.4	1.13	32.0	106.3
2005	493	19.0	1.35	37.8	106.4
2006	586	18.7	1.60	44.7	103.4
2007	692	18.3	1.90	52.5	98.0
2008	803	16.0	2.19	60.6	98.3
2009	853	6.2	2.34	64.1	95.1
2010	958	12.3	2.62	71.6	88.5
2011	1053	10.0	2.89	78.4	79.0
2012	1106	5.0	3.02	81.9	73.8
2013	1209	9.3	3.31	89.0	70.8
2014	1302	7.7	3.57	95.4	69.7
2015	1346	3.4	3.69	98.2	69.7

注：从2010年起包括液化天然气数据；人均量根据年中人口数计算；自给率＝生产量/供应量。

数据来源：2000－2013年数据来自国家统计局《中国能源统计年鉴2014》；2014年数据来自国家统计局《中国能源统计年鉴2015》；2015年数据来自国家统计局《2015年国民经济和社会发展统计公报》。

表 5 - 19 　天然气生产量国际比较

国家/地区	生产总量（亿立方米）	占比（%）	日均生产量（亿立方米）	自给率（%）
世界	34606	100.0	94.81	102.0
OECD	12482	36.3	34.20	79.1
非 OECD	22124	63.7	60.61	121.9
美国	7283	21.4	19.95	95.9
俄罗斯	5787	16.7	15.86	141.4
卡塔尔	1772	5.1	4.86	395.6
伊朗	1726	5.0	4.73	101.4
加拿大	1620	4.7	4.44	155.5
中国	1345	3.9	3.68	72.5
欧盟	1323	3.8	3.62	34.2
挪威	1088	3.1	2.98	2331.3
沙特	1082	3.1	2.97	100.0
阿尔及利亚	833	2.4	2.28	222.1
印尼	734	2.1	2.01	191.3
土库曼斯坦	693	2.0	1.90	250.1
马来西亚	664	1.9	1.82	162.0
墨西哥	581	1.7	1.59	67.7
阿联酋	578	1.7	1.58	83.3
乌兹别克斯坦	573	1.6	1.57	117.5
荷兰	558	1.6	1.53	173.7
澳大利亚	553	1.6	1.51	189.6
埃及	487	1.4	1.33	101.4
泰国	421	1.2	1.15	79.9
特立尼达和多巴哥	421	1.2	1.15	191.4
巴基斯坦	420	1.2	1.15	100.0
尼日利亚	386	1.1	1.06	-
英国	366	1.1	1.00	54.9
阿根廷	354	1.0	0.97	75.2

注：本表数据为 2014 年数据；自给率 = 生产量/消费量。

数据来源：BP Statistical Review of World Energy 2015.

表 5 – 20 分地区天然气生产量

单位：亿立方米

地区 年份	2010	2011	2012	2013	2014
全　国	957.9	1053.4	1106.1	1208.6	1301.6
地区加总	948.5	1026.9	1071.5	1208.6	1301.6
北　京	–	–	–	7.5	12.8
天　津	17.2	18.4	18.7	18.7	21.2
河　北	12.7	12.2	13.4	15.6	17.5
山　西	–	–	–	25.1	31.6
内蒙古	–	–	–	10.0	15.5
辽　宁	8.0	7.2	7.2	8.3	8.1
吉　林	13.7	15.0	22.2	23.9	22.3
黑龙江	30.0	31.0	33.7	35.0	35.4
上　海	3.3	3.0	2.9	2.4	2.1
江　苏	0.6	0.5	0.6	0.5	0.5
浙　江	–	–	–	–	–
安　徽	–	–	–	–	–
福　建	–	–	–	–	–
江　西	–	–	–	–	0.4
山　东	5.3	5.2	6.0	5.1	4.9
河　南	6.7	5.0	5.0	4.9	4.9
湖　北	2.0	2.3	1.7	3.1	1.5
湖　南					
广　东	78.4	83.3	83.5	75.3	83.7
广　西	–	–	–	0.1	0.2
海　南	1.8	2.0	1.8	2.3	1.6
重　庆	1.2	0.5	0.4	1.7	7.8
四　川	237.7	265.5	242.3	244.8	253.5
贵　州	0.1	–	–	0.4	0.4
云　南	0.1	0.1	0.1	0.0	0.0
西　藏	–	–	–	–	–
陕　西	223.5	272.2	311.3	371.7	410.1
甘　肃	0.2	0.2	0.2	0.2	0.2
青　海	56.1	65.0	64.3	68.1	68.9
宁　夏	–	3.0	3.3	–	–
新　疆	249.9	235.3	253.0	284.0	296.7

数据来源：国家统计局《中国能源统计年鉴 2015》。

表5-21 分油气田天然气生产量

单位：亿立方米

油气田/生产企业		2010 年	2011 年	2012 年	2013 年	2014 年
中国石油	大庆	29.9	31.0	33.7	11.2	35.1
	吉林	14.1	15.5	17.6	16.5	16.0
	辽河	8.0	7.2	7.2	7.2	7.0
	华北	5.5	7.6	8.3	5.0	3.0
	大港	3.7	4.5	4.4	3.8	5.4
	新疆	38.0	37.1	31.0	20.0	32.4
	塔里木	183.6	170.5	193.1	223.2	235.6
	吐哈	12.5	10.5	10.5	10.4	10.0
	青海	56.1	65.0	63.5	68.1	68.9
	长庆	211.1	258.3	290.3	346.8	381.5
	西南	153.6	142.1	131.5	126.1	135.6
	南方	1.8	2.0	1.8	1.7	1.6
	浙江	−	−	0.0	−	0.1
	小计	722.5	755.9	792.6	879.7	940.6

油气田/生产企业		2010 年	2011 年	2012 年	2013 年	2014 年
中国石化	胜利	5.2	5.0	5.0	5.0	5.0
	中原	5.7	4.4	4.4	4.4	83.1
	河南	0.6	0.6	0.6	0.6	0.5
	江汉	1.6	1.6	1.7	3.1	2.5
	江苏	0.6	0.5	0.6	0.5	0.5
	西北	15.8	15.9	16.5	16.4	16.3
	西南	26.5	28.0	29.6	31.1	31.9
	东北	3.4	3.8	5.1	6.0	6.6
	华北	22.4	23.3	27.3	34.4	40.0
	上海	0.0	–	2.9	3.1	3.3
	勘探南方	–	–	76.6	82.2	–
	小计	125.1	146.4	169.3	188.0	190.5
中国海油	天津	–	–	21.4	23.4	25.0
	深圳	–	–	16.6	17.3	27.0
	湛江	–	–	56.0	55.8	44.9
	上海	–	–	5.8	5.6	6.4
	小计	92.1	101.2	99.7	102.7	103.4
地方	延长	–	–	0.0	0.0	6.1
	上海	–	–	3.4	5.6	2.5
	田东	–	–	0.0	–	–
	小计	3.9	–	3.4	2.8	8.6
全国合计		944.6	1012.8	1062.1	1169.2	1239.9

数据来源：国土资源部历年《全国油气矿产储量通报》。

表 5 - 22　分品种天然气生产量

单位：亿立方米

年份	常规天然气	煤层气	页岩气
2000	272.0	-	-
2001	303.3	-	-
2002	326.6	-	-
2003	350.2	-	-
2004	414.6	-	-
2005	493.2	0.3	-
2006	585.5	1.3	-
2007	692.4	3.3	-
2008	803.0	5.0	-
2009	852.7	7.0	-
2010	957.9	15.0	-
2011	1053.4	23.0	-
2012	1106.1	25.7	0.3
2013	1208.6	30.0	2.0
2014	1301.6	77.0	13.0

　　数据来源：常规天然气产量数据来自国家统计局《中国能源统计年鉴 2014》《中国能源统计年鉴 2015》；2000 - 2013 年煤层气和页岩气产量数据来自国家发展改革委网站 http：//www.sdpc.gov.cn/；2014 年煤层气和页岩气产量数据来自中国能源研究会《中国能源展望 2030》。

（五）电力生产

表 5-23　发电量及增速

年份	发电量		日均发电量		人均发电量	
	绝对额（亿千瓦时）	增速（%）	绝对额（亿千瓦时/日）	增速（%）	绝对额（千瓦时/人）	增速（%）
2000	13685	11.0	37	10.7	1084	10.2
2001	14839	8.4	41	8.7	1167	7.7
2002	16542	11.5	45	11.5	1292	10.7
2003	19052	15.2	52	15.2	1479	14.5
2004	21944	15.2	60	14.9	1693	14.5
2005	24975	13.8	68	14.1	1916	13.2
2006	28499	14.1	78	14.1	2174	13.5
2007	32644	14.5	89	14.5	2477	13.9
2008	34510	5.7	94	5.4	2605	5.2
2009	36812	6.7	101	7.0	2765	6.1
2010	42278	14.8	116	14.8	3160	14.3
2011	47306	11.9	130	11.9	3519	11.4
2012	49865	5.4	136	5.1	3692	4.9
2013	53721	7.7	147	8.0	3958	7.2
2014	55725	3.7	153	3.7	4085	3.2
2015	56045	0.6	154	0.6	4087	0.0

　　数据来源：2000-2013 年数据来自中国电力企业联合会历年《电力工业统计资料汇编》；2014-2015 年数据来自中国电力企业联合会《2015年全国电力工业统计快报》。

表 5 – 24　发电量国际比较 （BP）

单位：亿千瓦时

年份 国家/地区	2010	2011	2012	2013	2014	2014 占 比 （%）
世界	214255	221006	226304	231840	235365	100.0
OECD	109031	108354	108622	108061	107148	45.5
非 OECD	105224	112652	117682	123779	128217	54.5
中国	**42072**	**47130**	**49876**	**54316**	**56496**	**24.0**
美国	43311	43024	42491	42685	42973	18.3
印度	9222	10062	10539	11028	12084	5.1
俄罗斯	10380	10549	10693	10591	10641	4.5
日本	11560	11042	11069	10878	10612	4.5
加拿大	5818	6004	6102	6264	6154	2.6
德国	6286	6131	6301	6332	6140	2.6
巴西	5158	5318	5525	5700	5826	2.5
法国	5732	5643	5607	5683	5557	2.4
韩国	4950	5176	5306	5171	5178	2.2
英国	3817	3673	3634	3591	3350	1.4
沙特	2401	2501	2717	2840	3036	1.3
墨西哥	270.8	2886	2966	2891	2896	1.3
意大利	3021	3026	2993	2898	2781	1.2
西班牙	3030	2918	2976	2836	2778	1.2
伊朗	2261	2355	2477	2546	2712	1.2
中国台湾	2470	2522	2504	2524	2600	1.1
南非	2596	2625	2579	2561	2526	1.1
土耳其	2112	2294	2395	2402	2504	1.1
澳大利亚	2515	2517	2506	2440	2445	1.0

数据来源：BP Statistics Review of World Energy 2015.

表 5 -25　发电量国际比较（IEA）

单位：亿千瓦时

年份 国家/地区	2010	2011	2012	2013	2013 占比（%）
世界	215488	222443	227403	234057	100.0
OECD	109240	108692	108496	108585	46.4
非 OECD	106249	113751	118907	125472	53.6
中国	**42080**	**47158**	**49940**	**54472**	**23.3**
美国	43784	43496	42905	43062	18.4
印度	9794	10745	11230	11935	5.1
俄罗斯	10380	10548	10707	10591	4.5
日本	11171	10513	10343	10453	4.5
加拿大	5991	6331	6332	6519	2.8
德国	6330	6131	6298	6332	2.7
法国	5692	5615	5658	5725	2.4
巴西	5157	5318	5527	5703	2.4
韩国	4995	5233	5346	5420	2.3
英国	3817	3673	3634	3592	1.5
墨西哥	2711	2958	2939	2971	1.3
意大利	3021	3026	2993	2898	1.2
沙特	2401	2501	2717	2840	1.2
西班牙	3015	2938	2976	2836	1.2
伊朗	2330	2401	2543	2704	1.2
南非	2596	2625	2579	2561	1.1
中国台湾	2470	2520	2503	2520	1.1
澳大利亚	2523	2533	2500	2491	1.1
土耳其	2112	2294	2395	2402	1

数据来源：IEA，World Energy Statistics（2015 edition）.

表 5－26　分地区发电量

单位：亿千瓦时

地区 \ 年份	2010	2011	2012	2013	2014	2014 占比（%）
北　京	270	266	293	336	369	0.7
天　津	556	613	587	597	612	1.1
河　北	2063	2250	2316	2443	2383	4.3
山　西	2151	2344	2535	2625	2643	4.7
内蒙古	2600	3135	3344	3623	3861	6.9
辽　宁	1340	1423	1488	1573	1617	2.9
吉　林	658	705	714	773	758	1.4
黑龙江	791	834	842	844	894	1.6
上　海	944	1026	973	972	808	1.4
江　苏	3499	3933	4158	4405	4348	7.8
浙　江	2568	2790	2847	2941	2913	5.2
安　徽	1463	1655	1808	1978	2028	3.6
福　建	1356	1579	1623	1790	1870	3.3
江　西	639	742	760	852	876	1.6
山　东	3091	3172	3306	3597	3738	6.7
河　南	2284	2598	2597	2881	2675	4.8
湖　北	2017	2102	2245	2235	2395	4.3
湖　南	1100	1204	1214	1278	1261	2.2
广　东	3146	3696	3644	3768	3805	6.8
广　西	1032	1052	1172	1219	1298	2.3
海　南	162	189	211	232	246	0.4
重　庆	475	534	547	591	674	1.2
四　川	1704	1857	2129	2617	3130	5.6
贵　州	1340	1416	1610	1674	1845	3.3
云　南	1365	1555	1748	2148	2550	4.5
西　藏	20	23	21	23	26	0.0
陕　西	1032	1179	1233	1253	1326	2.4
甘　肃	875	1068	1107	1195	1241	2.2
青　海	472	490	592	591	596	1.1
宁　夏	599	999	1013	1121	1167	2.1
新　疆	665	875	1188	1613	2093	3.7

数据来源：中国电力企业联合会历年《电力工业统计资料汇编》。

表 5 −27　分电源发电量

年份	水电	火电	核电	风电	太阳能发电	合计
2000	2431	11079	167	–	–	13865
2005	3964	20437	531	–	–	24975
2010	6867	34166	747	494	1	42278
2011	6681	39003	872	741	6	47306
2012	8556	39255	983	1030	36	49865
2013	8921	42216	1115	1383	84	53721
2014	10601	41955	1332	1599	233	55725
2015	11143	40972	1695	1851	383	56045

数据来源：2000 −2013 年数据来自中国电力企业联合会历年《电力工业统计资料汇编》；2014 −2015 年数据来自中国电力企业联合会《2015年全国电力工业统计快报》。

表 5 −28　分电源发电结构

单位:%

年份	水电	火电	核电	风电	太阳能发电
2000	17.5	79.9	1.2	–	–
2005	15.9	81.8	2.1	–	–
2010	16.2	80.8	1.8	1.2	0.0
2011	14.1	82.4	1.8	1.6	0.0
2012	17.2	78.7	2.0	2.1	0.1
2013	16.6	78.6	2.1	2.6	0.2
2014	18.9	75.4	2.4	2.9	0.4
2015	19.9	73.1	3.0	3.3	0.7

数据来源：根据表 5 −27 数据计算得到。

単位：%

表 5-29 分电源发电结构国际比较

国家/地区	煤电	油电	气电	生物燃料及垃圾发电	水电	核电	风电	太阳能发电	其他
世界	41.2	4.4	21.6	2.0	16.6	10.6	2.7	0.6	0.4
OECD	32.5	3.0	24.3	2.9	13.6	18.1	4.0	1.1	0.5
非OECD	48.7	5.6	19.4	1.2	19.1	4.1	1.6	0.2	0.2
中国	75.5	0.1	1.7	0.9	16.9	2.0	2.6	0.3	0.002
美国	39.8	0.9	26.9	1.8	6.7	19.1	3.9	0.4	0.5
印度	72.8	1.9	5.5	1.9	11.9	2.9	2.8	0.3	0.0
俄罗斯	15.3	0.8	50.0	0.3	17.2	16.3	0.0	0.0	0.04
日本	32.2	14.3	38.4	3.9	8.1	0.9	0.5	1.4	0.2
加拿大	10.0	1.2	10.3	0.8	60.1	15.8	1.8	0.1	0.002
德国	46.3	1.1	10.9	8.4	4.5	15.4	8.2	4.9	0.3
法国	4.3	0.4	3.0	1.2	13.2	74.0	2.8	0.8	0.2
巴西	3.8	4.7	12.1	7.1	68.6	2.6	1.2	0.0	0.1
韩国	41.1	4.0	26.7	0.3	1.5	25.6	0.2	0.3	0.2
英国	36.7	0.6	26.6	5.8	2.1	19.7	7.9	0.6	0.002
意大利	16.7	5.3	37.6	6.7	18.9	0.0	5.1	7.4	2.2
西班牙	15.0	4.9	20.1	2.1	14.5	20.0	19.0	4.5	0.0
墨西哥	10.8	16.1	55.8	0.4	9.4	4.0	1.4	0.04	2.0

注：本表数据为 2013 年数据。
数据来源：根据 IEA，World Energy Statistics（2015 edition）相关数据计算得到。

表 5-30 各地区分电源发电结构

单位:%

地　区	水电	火电	核电	风电	太阳能发电及其他
北　京	1.9	97.3	0.0	0.8	0.0
天　津	0.0	98.9	0.0	1.0	0.1
河　北	0.6	92.3	0.0	6.9	0.2
山　西	1.3	95.7	0.0	2.9	0.1
内蒙古	0.9	88.5	0.0	10.0	0.6
辽　宁	2.6	83.6	7.4	6.4	0.0
吉　林	9.2	83.1	0.0	7.7	0.0
黑龙江	2.4	89.6	0.0	8.0	0.0
上　海	0.0	99.0	0.0	0.9	0.1
江　苏	0.3	94.3	3.9	1.3	0.2
浙　江	7.0	80.3	12.2	0.5	0.0
安　徽	2.0	97.2	0.0	0.6	0.2
福　建	22.1	68.3	0.0	2.0	7.6
江　西	15.2	84.1	0.0	0.7	0.0
山　东	0.2	97.0	0.0	2.7	0.1
河　南	3.6	96.1	0.0	0.3	0.0
湖　北	57.8	41.6	0.0	0.5	0.1
湖　南	38.7	60.7	0.0	0.6	0.0
广　东	7.6	77.1	14.4	0.9	0.0
广　西	48.6	51.2	0.0	0.2	0.0
海　南	10.2	87.4	0.0	2.0	0.4
重　庆	35.8	63.9	0.0	0.3	0.0
四　川	82.4	17.5	0.0	0.1	0.0
贵　州	39.7	59.3	0.0	1.0	0.0
云　南	81.7	15.7	0.0	2.5	0.1
西　藏	76.9	11.5	0.0	0.4	11.2
陕　西	5.4	93.5	0.0	1.0	0.1
甘　肃	28.6	58.9	0.0	9.3	3.2
青　海	67.6	22.0	0.0	0.7	9.7
宁　夏	1.5	90.2	0.0	6.1	2.2
新　疆	7.6	83.9	0.0	6.5	2.0

注:本表数据为 2014 年数据。

数据来源:中国电力企业联合会《电力工业统计资料汇编 2014》。

表5-31 发电设备平均利用小时数

单位：小时

年份	合计	水电	火电	核电	风电
2000	4517	3258	4848	7970	–
2001	4588	3129	4900	8320	–
2002	4860	3289	5272	8161	–
2003	5245	3239	5767	7462	–
2004	5455	3462	5991	7578	–
2005	5425	3664	5865	7755	1975
2006	5198	3393	5612	8011	1790
2007	5020	3519	5338	7747	1804
2008	4648	3589	4885	7825	1978
2009	4546	3328	4865	7716	2077
2010	4650	3404	5031	7840	2047
2011	4730	3019	5305	7759	1890
2012	4579	3591	4982	7855	1929
2013	4521	3359	5021	7874	2025
2014	4318	3669	4739	7787	1900
2015	3969	3621	4329	7350	1728

注：本表数据为6000千瓦及以上电厂数据。

数据来源：2000－2013年数据来自中国电力企业联合会历年《电力工业统计资料汇编》；2014－2015年数据来自中国电力企业联合会《2015年全国电力工业统计快报》。

表5－32　分地区发电设备平均利用小时数

单位：小时

地区 \ 年份	2010	2011	2012	2013	2014
北　京	4261	4160	3982	4260	4069
天　津	5237	5525	5265	5230	5068
河　北	5091	5201	5014	4829	4497
山　西	5060	5070	4790	4744	4452
内蒙古	4157	4407	4389	4421	4354
辽　宁	4639	4411	4119	4006	3935
吉　林	3776	3369	3126	3086	2998
黑龙江	4086	4059	3962	3737	3668
上　海	4735	4911	4551	4502	3718
江　苏	5573	5678	5617	5545	5098
浙　江	4894	5193	5004	4996	4398
安　徽	5085	5460	5299	5270	4690
福　建	4224	4562	4258	4499	4464
江　西	4129	4504	4319	4480	4474
山　东	5041	4819	4749	4815	4822
河　南	4856	5181	4724	4802	4354
湖　北	4289	4179	4120	3832	3969
湖　南	4036	4176	3814	3908	3641
广　东	4869	5265	4958	4576	4504
广　西	4064	4027	3982	3857	3931
海　南	4253	4536	4735	4815	4995
重　庆	4222	4494	4220	4148	4845
四　川	4337	4250	4259	4288	4308
贵　州	4032	3751	4189	4071	3980
云　南	4116	4076	4012	4025	3989
西　藏	3917	3068	2100	2151	1976
陕　西	4583	4932	4978	4990	4995
甘　肃	4410	4157	3891	3804	3356
青　海	4501	3797	4151	3782	3375
宁　夏	5919	6069	5344	5403	5094
新　疆	4910	5198	5145	5045	4188

注：本表数据为6000千瓦及以上电厂数据。

数据来源：中国电力企业联合会历年《电力工业统计资料汇编》。

表5-33　分地区火电设备平均利用小时数

单位：小时

地区 \ 年份	2010	2011	2012	2013	2014
北　京	5055	4929	4627	4926	4564
天　津	5260	5547	5331	5286	5138
河　北	5462	5752	5621	5526	5229
山　西	5211	5284	5046	5018	4813
内蒙古	4562	5047	5074	5099	5118
辽　宁	4916	4797	4558	4353	4417
吉　林	4514	4190	3854	3443	3680
黑龙江	4385	4456	4436	4134	4146
上　海	4751	4941	4574	4533	3753
江　苏	5647	5785	5734	5690	5240
浙　江	5203	5686	5268	5296	4521
安　徽	5235	5672	5571	5608	4981
福　建	4300	5269	4341	4852	4825
江　西	4392	4974	4521	4818	4835
山　东	5178	4991	4962	5065	5136
河　南	5071	5398	4847	4940	4502
湖　北	4507	5051	4364	4683	4165
湖　南	4527	5352	4176	4462	3901
广　东	5051	5621	4977	4737	4578
广　西	5175	5617	4698	4777	4114
海　南	4670	5015	5325	5376	5682
重　庆	4903	5615	4671	5132	5693
四　川	4506	4541	4048	3928	3552
贵　州	5560	5301	5073	5672	4485
云　南	4876	4709	3852	3462	2879
西　藏	3258	1378	1257	1726	704
陕　西	4700	5041	5166	5266	5308
甘　肃	4665	4916	4337	4497	4231
青　海	5615	5934	5187	5795	5402
宁　夏	6168	6355	5808	6173	6101
新　疆	5427	5979	5767	5774	5248

注：本表数据为6000千瓦及以上电厂数据。

数据来源：中国电力企业联合会历年《电力工业统计资料汇编》。

（六）非化石能源生产

表5-34　非化石能源发电量

单位：亿千瓦时

年份	合计	水电	核电	风电	太阳能发电
2001	2794	2611	175	–	–
2002	3020	2746	265	–	–
2003	3262	2813	439	–	–
2004	3840	3310	505	–	–
2005	4538	3964	531	16	–
2006	4758	4148	548	28	–
2007	5437	4714	629	57	–
2008	6480	5655	692	131	
2009	6695	5717	701	276	
2010	8112	6867	747	494	1
2011	8303	6681	872	741	7
2012	10610	8556	983	1030	36
2013	11505	8921	1115	1383	84
2014	13771	10601	1332	1599	233
2015	15072	11143	1695	1851	383

　　数据来源：2000-2013年数据来自中国电力企业联合会历年《电力工业统计资料汇编》；2014-2015年数据来自中国电力企业联合会《2015年全国电力工业统计快报》。

表5-35　水电发电量国际比较

单位：亿千瓦时

年份 国家/地区	2010	2011	2012	2013	2013 占 比（%）
世界	35300	35926	37564	38744	100.0
OECD	14191	14524	14533	14756	38.1
非OECD	21109	21401	23030	23988	61.9
中国	**7222**	**6989**	**8721**	**9203**	**23.8**
加拿大	3515	3758	3806	3919	10.1
巴西	4033	4283	4153	3910	10.1
美国	2863	3447	2983	2901	7.5
俄罗斯	1684	1676	1673	1827	4.7
印度	1231	1436	1258	1416	3.7
挪威	1172	1216	1430	1290	3.3
日本	907	917	836	849	2.2
委内瑞拉	768	837	820	835	2.2
法国	672	499	636	756	2.0
瑞典	665	666	791	615	1.6
巴拉圭	541	576	602	604	1.6
土耳其	518	523	579	594	1.5
越南	276	409	534	571	1.5
意大利	544	478	439	547	1.4
奥地利	416	378	477	457	1.2
哥伦比亚	404	489	476	443	1.1
瑞士	378	341	403	400	1.0
巴基斯坦	318	285	299	312	0.8
墨西哥	371	363	319	280	0.7

数据来源：IEA，World Energy Statistics（2015 edition）.

表5－36　分地区水电发电量

单位：亿千瓦时

年份 地区	2010	2011	2012	2013	2014
北　京	4	4	7	5	7
天　津	0.1	0.1	0.2	0.2	0.2
河　北	8	9	10	12	13
山　西	37	35	44	40	34
内蒙古	20	18	29	36	35
辽　宁	57	41	64	79	42
吉　林	103	74	79	125	70
黑龙江	22	16	18	29	21
江　苏	14	13	12	12	12
浙　江	224	156	220	191	203
安　徽	37	28	36	36	41
福　建	454	285	476	399	413
江　西	101	75	146	123	133
山　东	1	1.1	1.2	4.5	5.5
河　南	85	98	128	115	96
湖　北	1246	1167	1380	1175	1385
湖　南	375	304	446	430	488
广　东	268	209	298	318	289
广　西	475	415	524	462	631
海　南	20	26	24	24	25
重　庆	143	146	210	178	241
四　川	1139	1261	1545	2023	2578
贵　州	384	393	560	422	733
云　南	814	1009	1240	1631	2082
西　藏	15	17	15	14	20
陕　西	75	94	81	71	71
甘　肃	263	282	344	356	355
青　海	363	367	458	427	403
宁　夏	18	17	19	19	18
新　疆	103	122	140	164	159

数据来源：中国电力企业联合会《电力工业统计资料汇编2014》。

表5-37 分地区水电设备平均利用小时数

单位：小时

地区＼年份	2010	2011	2012	2013	2014
北　京	413	422	411	446	663
河　北	382	404	462	537	627
山　西	2120	1673	1793	1636	1383
内蒙古	2334	2144	2701	3300	2978
辽　宁	3990	2818	2954	2901	1521
吉　林	2466	1705	1759	2829	1601
黑龙江	2232	1593	1803	3027	2147
江　苏	1160	1067	1012	998	1024
浙　江	2120	1512	2011	1803	1886
安　徽	1935	1384	1262	1091	1213
福　建	4118	2486	4171	3262	3213
江　西	2756	1825	3345	2586	2748
山　东	－	32	29	355	515
河　南	2287	2543	3215	2959	2397
湖　北	4167	3669	3989	3302	3876
湖　南	3209	2291	3216	3007	3287
广　东	2146	1553	2515	1805	3648
广　西	3210	2806	3321	2863	3760
海　南	2773	3087	2965	2893	3113
重　庆	3066	2798	3617	2781	3750
四　川	4252	4116	4352	4416	4528
贵　州	2306	2009	3077	2143	3432
云　南	3731	3813	4125	4322	4128
西　藏	4018	3340	2682	2478	2606
陕　西	3317	3908	3229	2822	2676
甘　肃	4376	4142	4923	4599	4348
青　海	4244	3421	4191	3833	3554
宁　夏	4227	3975	4545	4538	4181
新　疆	4012	3787	3662	3596	3220

注：本表数据为6000千瓦及以上电厂数据。

数据来源：中国电力企业联合会历年《电力工业统计资料汇编》。

表 5-38 核电发电量国际比较

单位：亿千瓦时

国家/地区 年份	2010	2011	2012	2013	2013 占比（%）
世界	27563	25826	24614	24782	100.0
OECD	22884	20870	19516	19617	79.2
非 OECD	4679	4957	5098	5165	20.8
美国	8389	8214	8011	8220	33.2
法国	4285	4424	4254	4237	17.1
俄罗斯	1704	1729	1775	1725	7.0
韩国	1486	1547	1503	1388	5.6
中国	**739**	**864**	**974**	**1116**	**4.5**
加拿大	907	936	949	1028	4.1
德国	1406	1080	995	973	3.9
乌克兰	892	902	901	832	3.4
英国	621	690	704	706	2.8
瑞典	578	605	640	665	2.7
西班牙	620	577	615	567	2.3
比利时	479	482	403	426	1.7
中国台湾	416	421	404	416	1.7
印度	263	323	329	342	1.4
捷克	280	283	303	307	1.2
瑞士	263	267	254	260	1.0
芬兰	228	232	230	236	1.0
匈牙利	158	157	158	154	0.6
巴西	145	157	160	146	0.6
日本	2882	1018	159	93	0.4

数据来源：IEA，World Energy Statistics（2015 edition）.

表5-39　分地区核电发电量

地区＼年份	2000	2005	2010	2011	2012	2013	2014
辽　宁	－	－	－	－	－	64	120
江　苏	－	－	157	161	162	167	168
浙　江	20	226	257	286	346	346	354
福　建	－	－	－	－	－	74	142
广　东	147	305	334	425	474	464	549

数据来源：中国电力企业联合会《电力工业统计资料汇编2014》。

表5-40　分地区核电设备平均利用小时数

单位：小时

地区＼年份	2009	2010	2011	2012	2013	2014
辽　宁	－	－	－	－	8438	6879
江　苏	6690	7851	8036	8121	8344	8384
浙　江	7982	7861	7585	7878	7869	7868
福　建	－	－	－	－	8471	7256
广　东	8065	7820	7777	7752	7589	7915

注：本表数据为6000千瓦及以上电厂数据。

数据来源：中国电力企业联合会历年《电力工业统计资料汇编》。

表5-41　风电发电量国际比较

单位：亿千瓦时

国家/地区 年份	2010	2011	2012	2013	2013 占比（%）
世界	3413	4353	5205	6368	100.0
OECD	2687	3288	3795	4389	68.9
非 OECD	727	1064	1411	1978	31.1
美国	951	1209	1419	1697	26.7
中国	**446**	**703**	**960**	**1412**	**22.2**
西班牙	443	429	495	539	8.5
德国	378	489	507	517	8.1
印度	197	245	283	336	5.3
英国	102	155	196	284	4.5
法国	99	121	149	160	2.5
意大利	91	99	134	149	2.3
葡萄牙	92	92	103	120	1.9
加拿大	87	102	113	116	1.8
丹麦	78	98	103	111	1.7
瑞典	35	61	72	98	1.5
土耳其	29	47	59	76	1.2
澳大利亚	51	58	61	73	1.2
巴西	22	27	51	66	1.0
波兰	17	32	47	60	0.9
荷兰	40	51	50	56	0.9
日本	40	47	48	52	0.8
爱尔兰	28	44	40	45	0.7
希腊	27	33	39	41	0.6

数据来源：IEA，World Energy Statistics（2015 edition）.

表5-42 分地区风电发电量

单位：亿千瓦时

地区\年份	2010	2011	2012	2013	2014
北　京	3	3	3	3	3
天　津	0	1	5	6	6
河　北	57	89	126	155	164
山　西	6	13	36	58	76
内蒙古	174	227	284	368	386
辽　宁	47	66	79	100	104
吉　林	33	40	44	58	58
黑龙江	33	44	51	69	72
上　海	2	4	6	8	7
江　苏	23	27	37	47	57
浙　江	5	6	8	10	13
安　徽	－	3	5	9	13
福　建	12	22	28	36	38
江　西	1	2	3	5	6
山　东	27	42	63	89	101
河　南	1	2	3	5	7
湖　北	1	2	2	6	13
湖　南	0	1	3	5	8
广　东	10	16	24	31	34
广　西	－	0	1	2	2
海　南	2	5	5	6	5
重　庆	1	0	1	1	2
四　川	－	0	0	1	4
贵　州	－	1	5	12	18
云　南	4	10	28	38	63
陕　西	－	1	3	7	13
甘　肃	21	71	94	119	115
青　海	－	0	0	1	4
宁　夏	8	13	33	61	71
新　疆	23	28	49	68	135

数据来源：中国电力企业联合会历年《电力工业统计资料汇编》。

表5-43 分地区风电设备平均利用小时数

单位：小时

年份 地区	2010	2011	2012	2013	2014
北　京	2672	2721	2091	2100	1929
天　津	1993	2027	2078	2458	2250
河　北	2540	2155	2255	2052	1913
山　西	1544	1537	1767	2257	1853
内蒙古	1936	1752	1857	2114	2002
辽　宁	2034	－	1762	1924	1734
吉　林	1941	1591	1420	1653	1501
黑龙江	2031	1970	1780	1930	1753
上　海	1805	2019	2572	2420	2082
江　苏	2103	1841	2112	1902	2064
浙　江	2010	2043	2311	2284	2202
安　徽	－	1562	1761	1830	1665
福　建	2577	3057	2794	2745	2478
江　西	1726	2372	1687	2178	1873
山　东	2364	2018	1975	2008	1782
河　南	2214	2542	2250	2312	2056
湖　北	1485	1916	1621	2188	2032
湖　南	1429	1164	2076	1883	1720
广　东	1768	2325	2109	1878	1839
广　西	－	2372	1408	2019	1819
海　南	1173	2073	1568	1969	1645
重　庆	1999	2166	1773	1277	1880
四　川	－	1776	2463	1779	2433
贵　州	－	1350	1543	1595	1575
云　南	2191	2520	2760	2357	2511
陕　西	－	1449	2070	1709	1961
甘　肃	1816	1652	1661	1806	1596
青　海	－	586	1031	2258	1723
宁　夏	2169	1970	2047	2084	1973
新　疆	2207	1873	2584	2152	2094

注：本表数据为6000千瓦及以上电厂数据。

数据来源：中国电力企业联合会历年《电力工业统计资料汇编》。

表 5－44　太阳能发电量国际比较

单位：亿千瓦时

国家/地区＼年份	2010	2011	2012	2013	2013 占比（%）
世界	337.26	651.24	1019.54	1445.13	100.0
OECD	323.37	608.69	908.30	1202.29	83.2
非 OECD	13.89	42.55	111.24	242.84	16.8
德国	117.29	195.99	263.80	310.10	21.5
意大利	19.06	107.96	188.62	215.89	14.9
美国	39.34	61.53	100.32	156.61	10.8
中国	**6.99**	**26.05**	**63.55**	**154.77**	**10.7**
日本	38	51.6	69.63	142.8	9.9
西班牙	71.86	94	119.68	126.92	8.8
法国	6.2	20.78	40.15	46.61	3.2
澳大利亚	2.83	8.54	14.92	38.17	2.6
希腊	1.58	6.1	16.94	36.48	2.5
印度	1.13	8.27	20.99	34.33	2.4
比利时	5.6	11.69	21.48	26.4	1.8
英国	0.4	2.44	11.88	20.36	1.4
捷克	6.16	21.82	21.49	20.33	1.4
韩国	7.72	9.17	11.03	16.05	1.1
泰国	0.2	0.95	4.93	10.8	0.7
斯洛伐克	0.17	3.97	4.24	5.88	0.4
奥地利	0.89	1.74	3.37	5.82	0.4
乌克兰	0.01	0.3	3.33	5.7	0.4
以色列	0.7	1.92	3.69	4.89	0.3
葡萄牙	2.11	2.8	3.93	4.79	0.3

数据来源：IEA，World Energy Statistics（2015 edition）.

表 5 – 45　分地区太阳能发电量

单位：亿千瓦时

年份 地区	2011	2012	2013	2014
天　津	－	－	0.02	0.8
河　北	－	－	1.1	6
山　西	0.006	0.2	0.5	3
内蒙古	0.1	1.7	6.2	25
辽　宁	－	0.0001	0.16	－
吉　林	－	－	0.03	
上　海	0.1	0.1	1.1	1
江　苏	0.8	4.2	6	13
浙　江	－	0.1	0.8	3
安　徽	－	0.1	0.3	2
福　建	－	0.02	0.13	
江　西	－	0.1	0.4	－
山　东	0.4	0.7	1	4.5
河　南	－	－	0.02	1
湖　北	－	0.1	0.2	－
湖　南	－	－	0.03	
广　东	－	0.03	0.07	
广　西	－	－	0.3	1
海　南	0.04	0.25	0.5	1
四　川	－	－	0.01	1
云　南	0.3	0.3	0.9	4
西　藏	0.4	0.8	1.4	3
陕　西	－	0.3	0.8	2
甘　肃	0.6	3.1	18.9	40
青　海	1.4	14.5	28	58
宁　夏	1.9	7.8	10.5	25
新　疆	－	1.7	5.2	43

数据来源：中国电力企业联合会历年《电力工业统计资料汇编》。

六、能源贸易

（一）综合能源贸易

表6-1 能源进出口量

年份	进口量（万吨标准煤）	出口量（万吨标准煤）	日均进口量（万吨标准煤/日）	日均出口量（万吨标准煤/日）	净进口量（万吨标准煤）	对外依存度（%）
2000	14327	9327	39	25	5000	3.5
2001	13469	11558	37	32	1911	1.3
2002	15767	11220	43	31	4547	2.8
2003	20002	12123	55	33	7879	4.2
2004	26480	11547	72	32	14933	6.8
2005	26823	11257	73	31	15566	6.4
2006	31098	10500	85	29	20598	7.8
2007	35027	9945	96	27	25082	8.7
2008	36935	9624	101	26	27311	9.0
2009	47518	8436	130	23	39082	12.0
2010	57671	8803	158	24	48868	13.5
2011	65437	8449	179	23	56988	14.3
2012	68701	7374	188	20	61326	14.9
2013	73420	8005	201	22	65416	15.4
2014	77325	8271	212	23	69054	16.0

注：净进口量＝进口量－出口量；对外依存度＝净进口量／（净进口量＋生产量）。

数据来源：国家统计局《中国能源统计年鉴2014》《中国能源统计年鉴2015》。

（二）煤炭贸易

表6-2　煤炭进出口量

指标 年份	进口量 （万吨）	出口量 （万吨）	净进口量 （万吨）	日均 净进口量 （万吨/天）	对外 依存度 （％）
2000	218	5506	-5288	-14.4	-
2001	266	9013	-8747	-24.0	-
2002	1126	8390	-7264	-19.9	-
2003	1110	9403	-8293	-22.7	-
2004	1861	8666	-6805	-18.6	-
2005	2622	7173	-4551	-12.5	-
2006	3823	6328	-2505	-6.9	-
2007	5160	5319	-159	-0.4	-
2008	4363	4558	-195	-0.5	-
2009	13188	2240	10948	30.0	3.4
2010	18307	1911	16396	44.9	4.6
2011	22236	1467	20769	56.9	5.2
2012	28841	927	27914	76.3	6.6
2013	32702	751	31951	87.5	7.4
2014	29122	574	28548	78.2	6.9
2015	20406	533	19873	54.5	5.0

注：负值表示净出口；对外依存度＝净进口量/（生产量＋净进口量）。

数据来源：2000-2014年数据来自国家统计局《中国能源统计年鉴2014》《中国能源统计年鉴2015》；2015年数据来自海关总署海关统计资讯网 http://www.chinacustomsstat.com/.

表6－3　煤炭进出口额

指标 年份	出口额（百万美元）	日均出口额（百万美元/日）	平均出口单价（美元/吨）	进口额（百万美元）	日均进口额（百万美元/日）	平均进口单价（美元/吨）
2000	1459	3.99	26.5	69	0.19	31.7
2001	2666	7.30	29.6	88	0.24	33.1
2002	2532	6.94	30.2	328	0.90	29.1
2003	2750	7.53	29.2	363	0.99	32.7
2004	3811	10.41	44.0	892	2.44	47.9
2005	4272	11.70	59.6	1383	3.79	52.7
2006	3681	10.08	58.2	1618	4.43	42.3
2007	3296	9.03	62.0	2422	6.64	46.9
2008	5240	14.32	115.0	3509	9.59	80.4
2009	2375	6.51	106.0	10574	28.97	80.2
2010	2252	6.17	117.8	16932	46.39	92.5
2011	2717	7.44	185.2	23890	65.45	107.4
2012	1588	4.34	171.3	28716	78.46	99.6
2013	1062	2.91	141.4	29066	79.63	88.9
2014	695	1.90	121.1	22257	60.98	76.4
2015	499	1.37	93.6	12101	33.15	59.3

数据来源：2000－2014年数据来自国家统计局网站 http：// data. stats. gov. cn/；2015年数据来自海关总署海关统计资讯网 http：// www. chinacustomsstat. com/.

表6-4 煤炭进出口国际比较

单位：万吨标准煤

指标 国家/地区	产量	进口量	出口量	净进口量	对外依存度（%）
世界	565443	118667	123323	—	—
OECD	136103	58379	50222	8157	5.7
非OECD	429340	60288	73101	−12813	—
中国	**270668**	**24872**	**1324**	**23548**	**8.0**
欧盟	22360	23551	5521	18030	44.6
日本	0	17455	122	17333	100.0
印度	34010	14427	139	14288	29.6
韩国	115	11054	0	11054	99.0
中国台湾	0	5801	1	5780	100.0
德国	6436	5349	168	5181	44.6
英国	1070	4450	72	4378	80.4
土耳其	2239	2547	1	2546	53.2
巴西	467	1907	0	1907	80.3
意大利	7	1885	24	1861	99.6
泰国	729	1689	1	1688	69.8
法国	28	1680	19	1661	98.4
荷兰	0	4009	2715	1294	100.0
乌克兰	5811	1298	886	412	6.6
波兰	8162	921	1694	−773	—
越南	3283	117	1039	−922	—
朝鲜	3119	24	1522	−1498	—
蒙古	2211	0	1774	−1774	—
哈萨克斯坦	7491	85	2118	−2033	—
加拿大	5006	765	3346	−2581	—
南非	20720	97	7128	−7031	—
哥伦比亚	7939	0	7587	−7587	—
美国	68169	722	9726	−9004	—
俄罗斯	26325	2504	13009	−10505	—
澳大利亚	37688	4	31009	−31005	—
印尼	40152	11	35659	−35648	—

注：本表数据为2013年数据；负值表示净出口；对外依存度＝净进口量/（产量＋净进口量）。

数据来源：IEA，World Energy Balances（2015 edition）.

表6-5 分地区煤炭调入调出量

单位：万吨

指标 地区	原煤产量	调入量	调出量	进口量	出口量	净调入量	净调入比重（%）
北 京	457	1726	263	0	170	1463	83.6
天 津	0	4564	1196	1812	112	3368	66.5
河 北	7345	22468	1310	1135	95	21158	71.6
山 西	92794	9050	63187	0	0	-54137	-58.3
内蒙古	99391	1084	63892	1671	161	-62808	-62.2
辽 宁	5001	11974	1302	1394	2.4	10672	62.5
吉 林	3100	7564	342	117	10	7222	69.2
黑龙江	7059	9307	2940	199	0.5	6367	46.7
上 海	0	6142	2407	1171	30	3735	76.6
江 苏	2019	24541	405	813	0	24136	89.5
浙 江	0	12378	0	1461	0	12378	89.4
安 徽	12804	6479	3703	0	2.2	2776	17.8
福 建	1590	4455	1072	3265	0	3383	41.1
江 西	2814	4323	204	581	0	4119	54.8
山 东	14684	28360	6958	3716	148	21402	54.0
河 南	14415	11847	2784	0	0	9063	38.6
湖 北	1057	10968	0	0	0	10968	91.2
湖 南	5553	5486	184	187	1.2	5302	48.0
广 东	0	10721	0	6450	0	10721	62.4
广 西	615	5232	564	1428	0	4668	69.6
海 南	0	325	0	702	0	325	31.6
重 庆	3884	3274	1073	0	0	2201	36.2
四 川	7663	3376	174	0	0	3202	29.5
贵 州	18508	289	4817	0	0	-4528	-24.5
云 南	4741	4882	809	0	0	4073	46.2
陕 西	52226	675	34461	0	104	-33786	-64.8
甘 肃	4753	4035	1735	0	0	2300	32.6
青 海	1833	1113	1118	0	0	-5	-0.3
宁 夏	8563	2970	2716	0	0	254	2.9
新 疆	14520	485	1944	7	0	-1459	-10.1

注：本表数据为2014年数据；净调入量＝调入量－调出量，负值表示净调出量及净调出比重。对于净调入省份，净调入比重＝净调入量/（产量＋净调入量＋净进口量）；对于净调出省份，净调出比重＝净调出量/（产量＋净进口量）。

数据来源：国家统计局《中国能源统计年鉴2015》。

表6-6 煤炭铁路运输情况

指标\年份	铁路煤货运量（万吨）	占铁路总货运量比重（%）	铁路煤货运周转量（亿吨公里）	占铁路货物总周转量比重（%）	平均运距（公里）
2000	68545	41.4	3806	28.5	555
2001	76625	42.9	4276	30.0	558
2002	81852	43.8	4639	30.8	567
2003	88132	44.3	5055	31.0	574
2004	99210	45.7	5713	31.6	576
2005	107082	46.4	6374	33.0	595
2006	112034	45.9	6728	33.1	601
2007	122081	46.7	7416	33.9	607
2008	134325	49.0	8360	35.8	622
2009	132720	48.0	8478	36.3	639
2010	156020	50.6	10016	39.1	642
2011	172126	52.5	11247	41.2	653
2012	168515	52.3	10874	40.4	645
2013	167946	52.2	10862	40.7	647
2014	164131	53.6	10596	42.5	646

数据来源：国家统计局网站 http：//data. stats. gov. cn/.

（三）石油贸易

表6-7　石油进出口量

年份	进口量（万吨）	出口量（万吨）	净进口量（万吨）	日均净进口量（万吨）	日均净进口量（万桶）	对外依存度（%）
2000	9748	2172	7576	20.7	152	31.7
2001	9118	2047	7071	19.4	142	30.1
2002	10269	2139	8130	22.3	163	32.7
2003	13190	2541	10649	29.2	214	38.6
2004	17291	2241	15051	41.1	301	46.1
2005	17163	2888	14275	39.1	287	44.0
2006	19453	2626	16827	46.1	338	47.7
2007	21139	2664	18475	50.6	371	49.8
2008	23015	2946	20070	54.8	402	51.3
2009	25642	3917	21726	59.5	436	53.4
2010	29437	4079	25358	69.5	509	55.5
2011	31594	4117	27477	75.3	552	57.5
2012	33089	3884	29205	79.8	585	58.5
2013	34265	4177	30088	82.4	604	58.9
2014	36180	4214	31966	87.6	642	60.2
2015	36540	3902	32638	89.4	655	60.3

注：石油对外依存度 = 石油净进口量/（原油产量 + 石油净进口量）；每吨按7.33桶折算。

数据来源：2000-2014年数据来自国家统计局《中国能源统计年鉴2014》《中国能源统计年鉴2015》；2015年数据根据海关总署网站原油与成品油进出口数据计算得到。

表6-8 石油进出口额

年份	进口额（亿美元）	出口额（亿美元）	净进口额（亿美元）	日均净进口额（亿美元/日）
2000	185	43	143	0.39
2001	154	35	119	0.33
2002	166	37	129	0.35
2003	256	54	203	0.55
2004	432	53	379	1.03
2005	582	91	491	1.34
2006	820	98	722	1.98
2007	962	108	854	2.34
2008	1594	166	1427	3.90
2009	1062	147	915	2.51
2010	1575	187	1388	3.80
2011	2294	227	2067	5.66
2012	2539	235	2303	6.29
2013	2517	260	2257	6.18
2014	2517	263	2255	6.18
2015	1488	206	1281	3.51

数据来源：根据海关总署网站原油进出口额与成品油进出口额数据计算得到。

表6-9　石油进出口量国际比较

单位：万吨

国家/地区	原油进口	石油制品进口	原油出口	石油制品出口	原油净进口	石油制品净进口
美国	36538	9008	1686	17989	34852	-8980
加拿大	2990	2690	14863	2631	-11874	60
墨西哥	†	3064	5651	743	-5651	2322
拉丁美洲	2218	8547	16403	3038	-14185	5509
欧洲	44688	17349	1156	9859	43532	7490
前苏联	8	643	29482	14407	-29474	-13763
中东	1144	4323	85014	12859	-83870	-8536
北非	966	2491	6214	2460	-5248	31
西非	21	1864	21391	649	-21370	1216
东南非洲	1100	1812	929	73	171	1739
澳洲	2641	2355	1200	330	1441	2025
中国	30918	6365	41	2579	30877	3786
印度	18969	1986	†	6128	18969	-4142
日本	16846	4546	†	1332	16846	3214
新加坡	4563	10238	28	7125	4534	3113
其他亚太地区	24030	13868	3574	8950	20456	4917
世界	187638	91152	187638	91152	0	0

注：本表数据为2014年数据；†表示数值小于5；负值表示净出口。

数据来源：BP Statistical Review of World Energy 2015.

表 6 – 10　日均石油进出口量国际比较

单位：万桶

国家/地区	原油进口	石油制品进口	原油出口	石油制品出口	原油净进口	石油制品净进口
美国	733.8	188.3	33.9	376.0	699.9	– 187.7
加拿大	60.0	56.2	298.5	55.0	– 238.5	1.3
墨西哥	‡	64.1	113.5	15.5	– 113.5	48.5
拉丁美洲	44.5	178.7	329.4	63.5	– 284.9	115.2
欧洲	897.4	362.7	23.2	206.1	874.2	156.6
前苏联	0.2	13.4	592.1	301.2	– 591.9	– 287.7
中东	23.0	90.4	1707.3	268.8	– 1684.3	– 178.4
北非	19.4	52.1	124.8	51.4	– 105.4	0.6
西非	0.4	39.0	429.6	13.6	– 429.2	25.4
东南非洲	22.1	37.9	18.7	1.5	3.4	36.4
澳洲	53.0	49.2	24.1	6.9	28.9	42.3
中国	620.9	133.1	0.8	53.9	620.1	79.1
印度	380.9	41.5	0.1	128.1	380.9	– 86.6
日本	338.3	95.0	‡	27.8	338.3	67.2
新加坡	91.6	214.0	0.6	148.9	91.1	65.1
其他亚太地区	482.6	289.9	71.8	187.1	410.8	102.8
世界	3768.2	1905.4	3768.2	1905.4	0.0	0.0

注：本表数据为 2014 年数据；‡ 表示数值小于 0.05；负值表示净出口。

数据来源：BP Statistical Review of World Energy 2015.

表6-11 分来源地区石油进口量

单位：万吨

国家/地区	进口量（万吨）	日均进口量（万桶）	进口份额（%）
合计	37283	754.0	100.0
中东	17171	345.7	46.1
西非	5739	115.3	15.4
前苏联	4584	92.6	12.3
拉丁美洲	3719	75.1	10.0
其他亚太地区	2678	55.7	7.2
东南非洲	822	16.5	2.2
新加坡	669	14.0	1.8
美国	567	11.8	1.5
欧洲	362	7.4	1.0
北非	316	6.4	0.8
澳洲	299	6.0	0.8
日本	177	3.7	0.5
加拿大	80	1.7	0.2
墨西哥	68	1.4	0.2
印度	33	0.7	0.1

注：本表数据为2014年数据；其他亚太地区指除了中国、印度、日本、新加坡以外的亚太地区。

数据来源：BP Statistical Review of World Energy 2015.

表6－12　分地区石油调入调出量

单位：万吨

地　区	调入量	调出量	净调入量	净调入比重（％）
北　京	1171	445	725	48.4
天　津	4057	6703	-2646	-62.0
河　北	1364	459	905	60.9
山　西	746	0	746	100.0
内蒙古	879	145	734	75.8
辽　宁	5644	4026	1619	39.7
吉　林	383	46	338	33.7
黑龙江	0	4016	-4016	-66.7
上　海	5612	3492	2120	63.4
江　苏	3157	2278	879	28.6
浙　江	1981	1434	547	19.9
安　徽	869	315	553	42.5
福　建	279	66	213	9.2
江　西	604	145	459	49.2
山　东	1146	7273	-6127	-62.4
河　南	1409	331	1078	56.8
湖　北	2457	25	2431	96.9
湖　南	1538	0	1538	96.5
广　东	2751	505	2246	41.6
广　西	1361	299	1062	94.8
海　南	62	376	-314	-42.9
重　庆	704	0	704	100.0
四　川	2746	0	2746	99.4
贵　州	668	0	668	100.1
云　南	1074	2	1072	100.0
西　藏	－	－	－	－
陕　西	476	3018	-2542	-67.5
甘　肃	4489	4339	150	16.3
青　海	190	170	20	8.2
宁　夏	536	296	240	96.8
新　疆	26	3099	-3073	-75.0

注：本表数据为2014年数据；负值表示净调出；对于净调入省份，净调入比重＝净调入量／（产量＋净进口量＋净调入量）；对于净调出省份，净调出比重＝净调出量／（产量＋净进口量）；净进口量＝进口量＋境内轮机境外加油量－出口量－境外轮机境内加油量。

数据来源：国家统计局《中国能源统计年鉴2015》。

表6-13 原油进出口量及价格

年份	进口量（万吨）	出口量（万吨）	净进口量（万吨）	平均进口单价（美元/桶）	对外依存度（%）
2000	7027	1031	5996	29	26.9
2001	6026	755	5271	26	24.3
2002	6941	766	6175	25	27.0
2003	9102	813	8289	30	32.8
2004	12272	549	11723	38	40.0
2005	12682	807	11875	51	39.6
2006	14517	634	13883	62	42.9
2007	16316	389	15927	67	46.1
2008	17888	424	17464	99	47.8
2009	20365	507	19858	60	51.2
2010	23768	303	23465	78	53.6
2011	25378	252	25126	106	55.3
2012	27103	243	26860	111	56.4
2013	28174	162	28012	106	57.2
2014	30837	60	30777	101	59.3
2015	33550	287	33263	55	60.8

注：平均进口单价＝进口额/进口量，每吨按7.33桶折算；原油对外依存度＝原油净进口量/（原油产量＋原油净进口量）。

数据来源：海关总署。

表 6 −14　分来源国别原油进口数量及金额

国家/地区	进口量（万吨）	进口额（亿美元）	平均进口单价（美元/桶）	数量份额（%）
合计	33550	1344.5	55	100.0
沙特	5055	207.7	56	15.1
俄罗斯	4243	172.3	55	12.6
安哥拉	3870	159.4	56	11.5
伊拉克	3211	126.8	54	9.6
阿曼	3207	139.5	59	9.6
伊朗	2661	107.7	55	7.9
委内瑞拉	1601	50.9	43	4.8
科威特	1443	57.1	54	4.3
巴西	1392	53.0	52	4.2
阿联酋	1257	51.3	56	3.7
哥伦比亚	887	30.6	47	2.6
南苏丹	661	23.2	48	2.0
刚果（布）	586	23.2	54	1.7
哈萨克斯坦	499	18.9	52	1.5
澳大利亚	239	10.1	58	0.7
利比亚	215	9.5	60	0.6
加纳	213	9.7	62	0.6
越南	212	9.3	60	0.6
赤道几内亚	201	8.7	59	0.6
英国	197	8.5	58	0.6
其他国家	1699	67.1	54	5.1

注：本表数据为 2015 年数据；每吨按 7.33 桶折算。

数据来源：海关信息网 http：//www. haiguan. info/.

表6-15 成品油进出口量

单位：万吨

年份	汽油		煤油		柴油	
	进口量	出口量	进口量	出口量	进口量	出口量
2000	0.0	467.7	322.5	256.3	51.9	77.5
2001	0.0	586.0	298.6	246.4	54.7	46.9
2002	-	630.4	324.3	240.9	78.7	144.7
2003	-	754.2	317.4	275.9	111.6	244.4
3004	-	540.7	421.0	331.5	303.9	86.7
2005	0.0	559.7	476.1	447.6	61.0	170.9
2006	6.1	350.5	731.7	584.4	80.7	102.6
2007	22.7	464.3	725.0	637.1	173.7	93.3
2008	198.7	203.4	836.8	706.5	633.1	89.1
2009	4.4	491.9	795.1	826.1	192.5	478.7
2010	0.0	517.0	726.1	870.5	190.2	490.2
2011	2.9	406.0	875.1	966.8	243.3	228.8
2012	0.5	291.7	877.3	1085.9	99.9	205.7
2013	0.0	468.7	945.2	1280.6	35.3	294.4
2014	3.4	507.5	721.0	1455.8	55.0	423.9
2015	17.0	589.0	346.0	1236.0	43.0	716.0

数据来源：2000－2014年数据来自国家统计局《中国能源统计年鉴2014》《中国能源统计年鉴2015》；2015年数据来自海关总署网站http：//www. customs. gov. cn／.

（四）天然气贸易

表6－16　天然气进出口量

单位：亿立方米

年份	进口量	出口量	净进口量	日均净进口量	对外依存度（％）
2000	－	31.4	－	－	－
2001	－	30.4	－	－	－
2002	－	32.0	－	－	－
2003	－	18.7	－	－	－
2004	－	24.4	－	－	－
2005	－	29.7	－	－	－
2006	9.5	29.0	－19.5	－0.05	－
2007	40.2	26.0	14.2	0.04	2.0
2008	46.0	32.5	13.6	0.04	1.7
2009	76.3	32.1	44.3	0.12	4.9
2010	164.7	40.3	124.4	0.34	11.5
2011	311.5	31.9	279.6	0.77	21.0
2012	420.6	28.9	391.7	1.07	26.2
2013	525.4	27.5	498.0	1.36	29.2
2014	591.3	26.1	565.2	1.55	30.3
2015	611.8	32.5	579.4	1.59	30.1

注：从2010年起包括液化天然气数据；对外依存度＝净进口量/（产量＋净进口量）；1万吨LNG按0.138亿立方米天然气折算。

数据来源：2000－2013年数据来自国家统计局《中国能源统计年鉴2014》；2014年数据来自国家统计局《中国能源统计年鉴2015》；2015年数据来自海关信息网http：//www.haiguan.info/.

表 6-17 天然气进出口量国际比较

单位：亿立方米

国家/地区	进口量	出口量	净进口量	日均净进口量	对外依存度（％）
世界	9972	9972	0	0.00	0.0
日本	1206	0	1206	3.30	－
德国	850	101	749	2.05	90.7
中国	584	0	584	1.60	30.3
意大利	515	2	513	1.40	88.7
韩国	511	2	510	1.40	－
土耳其	484	6	478	1.31	－
美国	763	427	336	0.92	4.4
英国	442	106	336	0.92	47.9
法国	345	17	329	0.90	－
墨西哥	298	0	298	0.82	33.9
西班牙	309	57	252	0.69	－
乌克兰	175	0	175	0.48	48.5
特立尼达和多巴哥	0	193	-193	-0.53	-84.5
荷兰	243	446	-203	-0.56	-57.4
印尼	0	312	-312	-0.86	-74.0
阿尔及利亚	0	408	-408	-1.12	-95.9
加拿大	224	746	-522	-1.43	-47.6
挪威	0	1064	-1064	-2.91	-4326.5
卡塔尔	0	1234	-1234	-3.38	-229.5
俄罗斯	242	2019	-1777	-4.87	-44.3

注：本表数据为2014年数据；对外依存度＝净进口量／（产量＋净进口量）；负值表示净出口。

数据来源：BP Statistical Review of World Energy 2015.

表6-18 分地区天然气调入调出量

单位：亿立方米

地　　区	调入量	调出量	净调入量	净调入比重（%）
北　京	113.7	0.0	113.7	100.0
天　津	38.2	0.0	38.2	64.4
河　北	37.8	0.0	37.8	67.4
山　西	23.1	0.0	23.1	42.2
内蒙古	0.0	12.2	-12.2	-4.3
辽　宁	46.7	0.0	46.7	55.5
吉　林	0.2	0.0	0.2	1.1
黑龙江	0.0	0.0	0.0	0.0
上　海	34.0	0.0	34.0	46.9
江　苏	127.2	0.0	127.2	99.6
浙　江	78.2	0.0	78.2	100.0
安　徽	34.7	0.2	34.5	100.0
福　建	0.0	0.0	0.0	0.0
江　西	14.8	0.0	14.8	97.4
山　东	68.7	1.4	67.3	89.8
河　南	72.0	0.0	72.0	93.6
湖　北	38.7	0.0	38.7	96.3
湖　南	24.4	0.0	24.4	100.0
广　东	109.0	19.9	89.0	39.3
广　西	8.1	0.0	8.1	97.6
海　南	44.4	0.0	44.4	96.6
重　庆	47.1	0.0	47.1	49.5
四　川	54.2	0.0	54.2	17.6
贵　州	9.0	0.0	9.0	84.9
云　南	5.6	1.0	4.6	99.4
西　藏	-	-	-	-
陕　西	0.0	19.4	-19.4	-4.7
甘　肃	23.9	0.0	23.9	94.8
青　海	0.0	0.5	-0.5	-0.7
宁　夏	17.7	0.0	17.7	100.0
新　疆	0.0	7.5	-7.5	-1.3

注：本表数据为2014年数据；1万吨LNG折合0.138亿立方米天然气；负值表示净调出；对于净调入省份，净调入比重=净调入量/（产量+净进口量+净调入量）；对于净调出省份，净调出比重=净调出量/（产量+净进口量）；净进口量=进口量-出口量。

数据来源：国家统计局《中国能源统计年鉴2015》。

表 6－19　分来源国别天然气进口数量及金额

国家/地区	进口量（亿立方米）	进口额（亿美元）	平均进口单价（美元/立方米）	数量份额（%）
合计	611.83	185.45	0.30	100.0
土库曼斯坦	281.56	76.81	0.27	46.0
澳大利亚	76.42	16.32	0.21	12.5
卡塔尔	66.41	28.17	0.42	10.9
马来西亚	44.88	14.16	0.32	7.3
缅甸	39.81	15.88	0.40	6.5
印尼	39.55	12.48	0.32	6.5
巴布亚新几内亚	21.89	8.37	0.38	3.6
乌兹别克斯坦	15.65	3.72	0.24	2.6
阿尔及利亚	5.20	1.89	0.36	0.9
尼日利亚	4.32	1.81	0.42	0.7
也门	3.68	1.76	0.48	0.6
哈萨克斯坦	3.62	0.49	0.14	0.6
赤道几内亚	2.76	1.24	0.45	0.5
俄罗斯	2.64	1.08	0.41	0.4
阿曼	0.93	0.48	0.52	0.2
美国	0.86	0.20	0.23	0.1
挪威	0.86	0.28	0.33	0.1
特立尼达和多巴哥	0.79	0.30	0.38	0.1

注：本表数据为 2015 年数据；1 万吨天然气折合 0.138 亿立方米天然气。

数据来源：海关信息网 http：//www.haiguan.info/.

表 6 – 20   分来源国别管道天然气进口数量及金额

国家/地区	进口量 （亿立方米）	进口额 （亿美元）	平均进口单价 （美元/立方米）	数量份额 （%）
合计	340.64	96.91	0.28	100.0
土库曼斯坦	281.56	76.81	0.27	82.7
缅甸	39.81	15.88	0.40	11.7
乌兹别克斯坦	15.65	3.72	0.24	4.6
哈萨克斯坦	3.62	0.49	0.14	1.1

注：本表数据为 2015 年数据；1 万吨天然气折合 0.138 亿立方米天
然气。

数据来源：海关信息网 http：//www.haiguan.info/.

表 6 – 21   分来源国别液化天然气进口数量及金额

国家/地区	进口量		进口额	平均进口单价		数量份额（%）
	（万吨）	（亿立方米）	（亿美元）	（美元/吨）	（美元/立方米）	
合计	1965	271.19	88.54	451	0.33	100.0
澳大利亚	554	76.42	16.32	295	0.21	28.2
卡塔尔	481	66.41	28.17	585	0.42	24.5
马来西亚	325	44.88	14.16	436	0.32	16.5
印尼	287	39.55	12.48	435	0.32	14.6
巴布亚新几内亚	159	21.89	8.37	528	0.38	8.1
阿尔及利亚	38	5.20	1.89	502	0.36	1.9
尼日利亚	31	4.32	1.81	578	0.42	1.6
也门	27	3.68	1.76	660	0.48	1.4
赤道几内亚	20	2.76	1.24	620	0.45	1.0
俄罗斯	19	2.64	1.08	564	0.41	1.0
阿曼	7	0.93	0.48	714	0.52	0.3
美国	6	0.86	0.20	320	0.23	0.3
挪威	6	0.86	0.28	450	0.33	0.3
特立尼达和多巴哥	6	0.79	0.30	530	0.38	0.3

注：本表数据为 2015 年数据；1 万吨天然气折合 0.138 亿立方米天
然气。

数据来源：海关信息网 http：//www.haiguan.info/.

（五）电力贸易

表 6-22　电力进出口量

年份	进口量（亿千瓦时）	日均进口量（亿千瓦时/日）	出口量（亿千瓦时）	日均出口量（亿千瓦时/日）	净出口量（亿千瓦时）	日均净出口量（亿千瓦时/日）
2006	53.9	0.15	122.7	0.34	68.8	0.19
2007	42.5	0.12	145.7	0.40	103.2	0.28
2008	38.4	0.10	166.4	0.46	128.0	0.35
2009	60.1	0.16	173.9	0.48	113.8	0.31
2010	53.0	0.15	190.9	0.52	137.9	0.38
2011	65.6	0.18	193.1	0.53	127.5	0.35
2012	68.7	0.19	176.5	0.48	107.8	0.29
2013	75.0	0.21	187.0	0.51	112.0	0.31
2014	60.7	0.17	183.9	0.50	123.2	0.34

数据来源：中国电力企业联合会历年《电力工业统计资料汇编》。

表 6-23 电力进出口量国际比较

国家/地区	进口量（亿千瓦时）	日均进口量（亿千瓦时/日）	出口量（亿千瓦时）	日均出口量（亿千瓦时/日）	净出口量（亿千瓦时）	日均净出口量（亿千瓦时/日）
OECD	4552	12.47	4435	12.15	117	0.32
非 OECD	2418	6.62	2187	5.99	231	0.63
美国	704	1.93	114	0.31	590	1.62
意大利	443	1.21	22	0.06	421	1.15
巴西	403	1.10	5	0.01	398	1.09
荷兰	333	0.91	150	0.41	183	0.50
芬兰	176	0.48	19	0.05	157	0.43
英国	175	0.48	31	0.08	144	0.39
匈牙利	166	0.45	48	0.13	118	0.32
泰国	126	0.35	13	0.04	113	0.31
比利时	172	0.47	76	0.21	96	0.26
中国香港	107	0.29	17	0.05	90	0.25
伊拉克	92	0.25	0	0	92	0.25
挪威	101	0.28	152	0.42	-51	-0.14
西班牙	99	0.27	166	0.45	-67	-0.18
瑞典	127	0.35	227	0.62	-100	-0.27
乌克兰	0	0	99	0.27	-99	-0.27
中国	**74**	**0.2**	**187**	**0.51**	**-113**	**-0.31**
俄罗斯	47	0.13	184	0.50	-137	-0.38
捷克	106	0.29	275	0.75	-169	-0.46
德国	392	1.07	714	1.96	-322	-0.88
巴拉圭	0	0	474	1.30	-474	-1.30
法国	117	0.32	601	1.65	-484	-1.33
加拿大	171	0.47	671	1.84	-500	-1.37

注：本表数据为 2013 年数据；负值表示净出口。

数据来源：IEA，World Energy Statistics（2015 edition）.

表6-24 分地区电力调入调出量

单位：亿千瓦时

指标 地区	发电量	调入量	调出量	进口量	出口量	净调入量	净调入比重（%）
北 京	369	573	5	–	–	568	60.6
天 津	612	199	1	–	–	198	24.4
河 北	2383	835	–	–	–	835	25.9
山 西	2643	31	851	–	–	–820	–45.0
内蒙古	3861	17	1450	–	10	–1433	–59.3
辽 宁	1617	636	215	–	–	421	20.7
吉 林	758	165	255	–	–	–90	–13.5
黑龙江	894	0.1	160	130	5	–159.9	–18.6
上 海	808	652	91	–	–	561	41.0
江 苏	4348	804	139	–	–	665	13.3
浙 江	2913	686	58	–	–	628	17.7
安 徽	2028	6	455	–	–	–449	–28.4
福 建	1870	3	14	–	–	–11	–0.6
江 西	876	145	–	–	–	145	14.2
山 东	3738	486	–	–	–	486	11.5
河 南	2675	487	56	–	–	431	13.9
湖 北	2395	383	913	–	–	–530	–28.4
湖 南	1261	272	72	–	–	200	13.7
广 东	3805	1709	148	13	146	1561	29.8
广 西	1298	103	93	–	–	10	0.8
海 南	246	6	0.2	–	–	5.8	2.3
重 庆	674	229	36	–	–	193	22.3
四 川	3130	52	1077	–	–	–1025	–48.7
贵 州	1845	–	574	–	–	–574	–45.2
云 南	2550	0.2	1012	15	23	–1011.8	–66.1
陕 西	26	– –	395	–	–	–395	107.0
甘 肃	1326	130	276	–	–	–146	–12.4
青 海	1241	146	19	–	–	127	9.3
宁 夏	596	38	356	–	–	–318	–114.4
新 疆	1167	–	175	–	–	–175	–17.6

注：本表数据为2014年数据；净调入量＝调入量－调出量，负值表示净调出量及净调出比重；对于净调入省份，净调入比重＝净调入量/（产量＋净调入量＋净进口量）；对于净调出省份，净调出比重＝净调出量/（产量＋净进口量）。

数据来源：国家统计局《中国能源统计年鉴2015》。

七、能源库存

（一）煤炭库存

表7-1　全社会煤炭库存及可用天数

年份＼指标	全社会煤炭库存（万吨）	煤炭库存变化（万吨）	可用天数（天）
2000	14200	-1235	36.9
2001	11516	79	29.1
2002	11757	869	28.2
2003	10937	2495	22.1
2004	10351	-162	18.3
2005	13974	3545	22.0
2006	14448	6999	20.7
2007	14905	6595	20.0
2008	19065	4610	24.8
2009	15251	-944	18.8
2010	20631	-3663	24.1
2011	31335	-4155	33.3
2012	34700	-3772	36.0
2013	-	-4368	-
2014	33717	-4106	30.0

注：全社会库存为年末值；库存可用天数＝年末库存数/当年日均煤炭消费量；煤炭库存变化数据负值表示库存增加，正值表示库存减少。

数据来源：全社会煤炭库存数据来自中国煤炭资源网 http://www.sxcoal.com，国家煤矿安全监察局网站 http://www.chinacoal-safe-ty.gov.cn；煤炭库存变化数据来自国家统计局历年《中国能源统计年鉴》。

表7-2 全国重点煤矿库存

单位：万吨

年份 地区	2010	2011	2012	2013	2014	2015	2015 占比 （%）
全国合计	2330	2810	3605	3855	4808	5575	100.0
山　西	524	535	494	866	1149	1105	19.8
宁　夏	98	96	373	344	428	932	16.7
河　南	170	375	342	369	662	930	16.7
神华集团	443	320	523	500	648	467	8.4
甘　肃	62	93	287	196	365	405	7.3
内蒙古	96	100	205	165	169	276	5.0
陕　西	43	52	63	72	206	216	3.9
新　疆	36	298	392	195	145	198	3.6
黑龙江	44	44	46	109	99	166	3.0
山　东	105	110	68	134	155	131	2.3
河　北	177	201	181	275	105	105	1.9
贵　州	123	127	180	141	105	99	1.8
四　川	5	6	10	4	3	99	1.8
安　徽	119	130	187	174	267	97	1.7
江　苏	61	63	12	17	14	83	1.5
吉　林	75	112	107	103	67	82	1.5
中煤集团	46	42	38	83	67	63	1.1
北　京	47	42	53	60	92	60	1.1
江　西	1	1	5	8	12	21	0.4
辽　宁	21	33	27	22	10	20	0.4
重　庆	6	8	4	10	5	18	0.3
云　南	16	17	5	5	5	5	0.1
湖　南	14	4	3	3	28	0	0.0

注：本表数据为年末库存数；2011年数据为2011年11月末库存数。
数据来源：中国煤炭市场网 http：//www.cctd.com.cn/.

表 7 - 3　主要港口煤炭库存

单位：万吨

港口 时间	全国	北方七港	秦皇岛港	天津港	黄骅港	主要港口外贸
2010 年 3 月	1877	1716	790	228	57	47
2010 年 6 月	1923	1627	566	304	45	64
2010 年 9 月	2134	1883	649	351	147	38
2010 年 12 月	2373	2019	701	413	103	518
2011 年 3 月	2190	1864	733	311	75	53
2011 年 6 月	2395	1855	745	372	76	360
2011 年 9 月	2322	1501	455	265	104	380
2011 年 12 月	3008	1915	645	307	101	706
2012 年 3 月	3243	2436	660	375	144	987
2012 年 6 月	4249	2357	858	499	138	1082
2012 年 9 月	3671	2484	601	389	120	885
2012 年 12 月	4005	2595	627	424	146	1065
2013 年 3 月	4499	3011	739	468	193	1143
2013 年 6 月	4901	3198	671	552	197	1235
2013 年 9 月	4015	2598	613	322	131	1242
2013 年 12 月	3443	2357	508	367	164	1328
2014 年 3 月	4019	2760	575	404	144	1179
2014 年 6 月	4674	3235	743	544	226	1108
2014 年 9 月	4158	2773	617	413	165	828
2014 年 12 月	4219	2856	684	371	215	937
2015 年 3 月	4955	3448	806	496	191	862
2015 年 6 月	3515	2315	642	407	258	984
2015 年 9 月	3527	2322	630	471	203	656
2015 年 12 月	2556	1477	353	330	213	623

注：本表数据为月末库存数。

数据来源：中国煤炭市场网 http://www.cctd.com.cn/.

表 7 – 4　全国重点发电企业煤炭库存

单位：万吨

时间＼地区	全国	华北地区	华中地区	华东地区	南方地区	西北地区	东北地区
2010 年 3 月	4309	1296	584	931	646	310	542
2010 年 6 月	5780	1499	1372	1175	765	403	566
2010 年 9 月	6059	1505	1456	860	1051	573	615
2010 年 12 月	5607	1794	877	857	1050	441	587
2011 年 3 月	5071	1791	749	892	704	269	667
2011 年 6 月	6536	2065	1298	1422	694	415	642
2011 年 9 月	6455	1659	1329	1486	708	603	671
2011 年 12 月	8165	2288	1804	1573	1092	676	731
2012 年 3 月	7668	2237	1571	1588	847	694	732
2012 年 6 月	9125	2460	2183	1801	1182	787	712
2012 年 9 月	9032	2266	2174	1524	1447	841	780
2012 年 12 月	8113	2000	1729	1409	1510	835	630
2013 年 3 月	7394	2091	1637	1364	1103	621	578
2013 年 6 月	7398	2139	1741	1424	1015	616	463
2013 年 9 月	7326	2106	1610	1150	1068	754	637
2013 年 12 月	8159	2469	1842	1200	1107	881	662
2014 年 3 月	6947	2008	1415	1270	1054	598	601
2014 年 6 月	7906	2006	2049	1519	1182	627	523
2014 年 9 月	8652	2099	2169	1402	1255	1004	623
2014 年 12 月	9454	2569	2153	1419	1404	1190	719
2015 年 3 月	6281	1637	1236	1109	1122	598	579
2015 年 6 月	6541	1620	1604	1269	1025	543	479
2015 年 9 月	6919	1841	1510	1203	1118	669	578
2015 年 12 月	7358	1758	1568	1221	1251	898	663

注：本表数据为月末库存数。

数据来源：中国煤炭市场网 http：//www.cctd.com.cn/.

（二）石油库存

表7－5 石油库存变化

单位：万吨

年份	石油	原油	汽油	煤油	柴油
2000	－1245.0	－912.9	－162.5	－57.6	－247.6
2001	－261.5	－129.7	38.1	52.7	－221.4
2002	94.9	－105.2	59.3	5.3	82.2
2003	－28.2	－61.6	35.7	17.7	67.5
2004	－522.6	－297.9	－27.4	2.7	－112.4
2005	128.8	78.8	－18.6	35.0	－7.7
2006	－373.3	－111.1	－7.5	－4.9	95.6
2007	－458.0	－524.4	42.9	－2.0	54.7
2008	－1795.0	－1010.1	－194.9	1.3	－410.0
2009	－1981.9	－676.5	－651.4	－1.1	－234.3
2010	－1481.2	－890.0	70.8	－12.3	77.5
2011	－2105.0	－1453.0	－117.0	－9.0	－78.0
2012	－2087.6	－922.6	－520.3	3.7	8.9
2013	－1086.1	－333.4	4.2	0.6	89.4
2014	－1246.8	－375.7	－755.0	－9.7	－93.7

注：负值表示库存增加。

数据来源：国家统计局《中国能源统计年鉴2014》《中国能源统计年鉴2015》。

表7-6 分地区石油库存变化

单位：万吨

地区 \ 年份	2010	2011	2012	2013	2014
全　国	-1481.2	-2105.0	-2087.6	-1086.1	-1246.8
地区加总	-250.3	18.2	-71.9	-104.1	-52.2
北　京	6.1	27.6	-4.7	-2.8	36.2
天　津	0.8	5.9	-22.5	12.3	-10.0
河　北	-13.7	-15.5	-9.0	55.5	-62.3
山　西	-9.5	-2.7	4.8	1.7	0.5
内蒙古	4.0	-14.1	5.6	10.7	-1.6
辽　宁	-39.8	-17.8	-27.0	115.0	2.9
吉　林	-6.1	-5.5	4.6	5.3	11.0
黑龙江	-9.6	-14.8	-11.5	0.0	-0.6
上　海	-19.9	-2.2	8.0	7.6	-49.1
江　苏	-102.0	70.6	40.1	3.2	-20.1
浙　江	-49.3	32.6	4.4	-41.3	34.9
安　徽	10.4	-15.2	9.0	-12.5	-6.4
福　建	19.2	4.8	-1.6	-36.0	-50.2
江　西	-0.2	-11.4	3.8	2.5	7.2
山　东	-41.0	27.8	14.7	-132.5	-46.2
河　南	-6.7	57.2	-29.3	-12.5	78.7
湖　北	37.6	26.6	13.7	-5.8	-5.3
湖　南	-12.5	22.8	2.6	1.8	-33.8
广　东	21.3	-62.1	30.4	0.1	-74.5
广　西	-56.2	19.2	-20.5	70.5	-11.7
海　南	3.8	-7.9	4.2	1.4	1.6
重　庆	7.4	-0.1	0.1	0.7	0.5
四　川	-11.4	3.6	8.3	-22.4	-37.5
贵　州	4.3	-32.3	14.2	-10.7	13.1
云　南	-2.1	-7.9	-5.6	6.7	-10.7
西　藏	-	-	-	-	-
陕　西	-16.1	-35.0	3.6	39.8	-12.5
甘　肃	38.1	-7.0	-37.1	-2.7	-41.3
青　海	5.5	-9.6	4.6	0.2	0.9
宁　夏	-13.4	-6.3	-20.6	-0.1	-11.2
新　疆	0.6	-12.7	-59.0	-159.9	245.5

注：负值表示库存增加。

数据来源：国家统计局历年《中国能源统计年鉴》。

表7-7 建成战略石油储备

阶段	基地	建成时间	库容（万立方米）	库容（万桶）	库容（万吨）	库容类型
一	浙江镇海	2006年	520	3270	378	地面库
	山东黄岛	2007年	320	2013	250	地面库
	辽宁大连	2008年	300	1887	217	地面库
	浙江舟山	2008年	500	3145	398	地面库
累计建成			1640	10314	1243	
二	新疆独山子	2012年	300	1887	−	地面库
	甘肃兰州	2012年	300	1887	−	地面库
	天津	2013年	320	2013	−	地面库
	山东黄岛	2014年	300	1887	−	地下库
累计建成			2860	17987	2610	

注：本表数据为截至2015年底数据；1桶按0.159立方米折算。

数据来源：国家统计局网站 http://data.stats.gov.cn/.

表7-8 OECD石油库存

单位：亿吨

时间	石油	原油	石油制品
2014年	5.28	3.18	2.10
2015年一季度	5.39	3.31	2.08
2015年二季度	5.48	3.34	2.14
2015年三季度	5.55	3.33	2.23
2015年四季度	5.62	3.37	2.25

注：原油指常规原油、天然气液以及炼厂给料（包括非原油给料）。

数据来源：IEA, Monthly Oil Statistics.

八、能源价格

（一）煤炭价格

表8-1 中国太原煤炭交易价格指数（CTPI）

单位：元/吨

时间 \ 指标	Q5500 动力煤	S≤1 主焦煤	1＜S≤2 主焦煤	G≥85 S≤1.3 肥煤	V12-14 喷吹煤	Q≥6000 无烟中块
2014年7月	413	860	852	937	670	893
2014年8月	413	849	836	910	651	867
2014年9月	413	849	836	910	651	842
2014年10月	413	853	841	912	653	846
2014年11月	413	857	844	912	654	847
2014年12月	415	857	844	912	654	848
2015年1月	413	851	836	912	654	848
2015年2月	399	848	835	907	654	848
2015年3月	387	845	833	901	642	841
2015年4月	413	851	836	912	654	848
2015年5月	361	742	739	782	603	810
2015年6月	361	742	739	782	603	810
2015年7月	361	716	714	771	567	810
2015年8月	328	694	692	747	556	753
2015年9月	316	687	681	742	549	753
2015年10月	302	673	665	724	519	753
2015年11月	286	649	648	675	492	755
2015年12月	283	633	635	665	491	744

注：Q5500表示低位发热量为5500大卡/千克的动力煤标准品；S表示煤炭中含硫量的百分比；V表示煤炭中挥发成分所占百分比；G表示粘结指数。2015年12月数据为12月28日价格。

数据来源：中国太原煤炭交易中心网站 http：//www.ctctc.cn/.

表 8 - 2　环渤海动力煤价格指数（BSPI）

单位：元／吨

时间 \ 指标	环渤海动力煤价格指数	秦皇岛港			
		5800 大卡	5500 大卡	5000 大卡	4500 大卡
2011 年 3 月	773	825 - 835	770 - 780	675 - 685	580 - 590
2011 年 6 月	843	890 - 900	840 - 850	745 - 755	650 - 660
2011 年 9 月	832	885 - 895	830 - 840	725 - 735	635 - 645
2011 年 12 月	808	855 - 865	800 - 810	695 - 705	600 - 610
2012 年 3 月	777	825 - 835	770 - 780	670 - 680	570 - 580
2012 年 6 月	702	775 - 785	685 - 695	580 - 590	495 - 505
2012 年 9 月	635	670 - 680	630 - 640	545 - 555	450 - 460
2012 年 12 月	634	665 - 675	630 - 640	540 - 550	450 - 460
2013 年 3 月	618	655 - 665	615 - 625	525 - 535	430 - 440
2013 年 6 月	603	630 - 640	595 - 605	505 - 515	420 - 430
2013 年 9 月	531	575 - 585	525 - 535	440 - 450	385 - 395
2013 年 12 月	631	655 - 665	630 - 640	585 - 595	485 - 495
2014 年 3 月	530	570 - 580	525 - 535	450 - 460	400 - 410
2014 年 6 月	528	560 - 570	520 - 530	455 - 465	405 - 415
2014 年 9 月	482	520 - 530	475 - 485	420 - 430	375 - 385
2014 年 12 月	525	555 - 565	520 - 530	450 - 460	415 - 425
2015 年 3 月	473	505 - 515	465 - 475	395 - 405	360 - 370
2015 年 6 月	418	470 - 480	410 - 420	360 - 370	325 - 335
2015 年 9 月	396	435 - 445	390 - 400	340 - 350	310 - 320
2015 年 12 月	372	410 - 420	365 - 375	325 - 335	295 - 305

注：本表数据为月末环指价格。

数据来源：秦皇岛煤炭网 http：//osc. cqcoal. com/.

表8-3　国际煤炭价格国际比较（一）

单位：美元/吨

指标 时间	理查兹港	纽卡斯尔港	欧洲三港	印尼煤炭 销售基准价
2010 年 3 月	81.68	94.84	73.66	—
2010 年 6 月	90.68	97.31	91.14	—
2010 年 9 月	84.14	94.89	93.77	90.05
2010 年 12 月	126.85	128.5	131.05	103.41
2011 年 3 月	122.48	123.89	128.98	122.43
2011 年 6 月	115.8	121.17	121.12	119.03
2011 年 9 月	114.39	122.54	121.34	116.26
2011 年 12 月	106.57	115.47	112.39	112.67
2012 年 3 月	103.79	107.04	98.14	112.87
2012 年 6 月	88.02	89.22	89.66	96.65
2012 年 9 月	84.09	85.06	86.08	86.21
2012 年 12 月	90.5	92.25	89.5	81.75
2013 年 3 月	81.02	89.89	79.53	90.09
2013 年 6 月	74.25	78.89	73.89	84.87
2013 年 9 月	76.04	79.59	81.84	76.89
2013 年 12 月	85.17	86.3	82.97	80.31
2014 年 3 月	73.1	74.07	75.61	77.01
2014 年 6 月	73.92	70.89	71.79	73.64
2014 年 9 月	67.19	65.83	73.92	69.69
2014 年 12 月	66.56	62.65	71.1	64.65
2015 年 3 月	59.48	59.6	59.23	67.76
2015 年 6 月	59.47	61.66	59.39	59.59
2015 年 9 月	50.74	56.72	52.97	58.21
2015 年 12 月	49.3	50.49	48.21	53.51

注：理查兹港、纽卡斯尔港与欧洲三港数据为月末价格；印尼煤炭销售基准价为当月价格。

数据来源：中国煤炭市场网 http：//www.ctctc.cn/.

表8-4 煤炭价格国际比较（二）

单位：美元/吨

指标 年份	西北欧标杆价格	美国中部阿巴拉契煤炭现货价格指数	日本炼焦煤进口到岸价	日本动力煤进口到岸价	亚洲标杆价格
2000	35.99	29.9	39.69	34.58	31.76
2001	39.03	50.15	41.33	37.96	36.89
2002	31.65	33.2	42.01	36.9	30.41
2003	43.6	38.52	41.57	34.74	36.53
2004	72.08	64.9	60.96	51.34	72.42
2005	60.54	70.12	89.33	62.91	61.84
2006	64.11	62.96	93.46	63.04	56.47
2007	88.79	51.16	88.24	69.86	84.57
2008	147.67	118.79	179.03	122.81	148.06
2009	70.66	68.08	167.82	110.11	78.81
2010	92.5	71.63	158.95	105.19	105.43
2011	121.52	87.38	229.12	136.21	125.74
2012	92.5	72.06	191.46	133.61	105.5
2013	81.69	71.39	140.45	111.16	90.9
2014	75.38	69.00	114.41	97.65	77.89

数据来源：BP Statistical Review of World Energy 2015.

（二）石油价格

表8-5 原油离岸价格国际比较

单位：美元/桶

月份	WTI现货	WTI期货	Brent现货	Brent期货	迪拜现货	辛塔现货	大庆现货
2014-01	94.62	94.86	108.12	107.11	104.06	102.50	103.92
2014-02	100.82	100.68	108.90	108.84	105.04	103.60	103.20
2014-03	100.80	100.51	107.48	107.75	104.33	106.81	107.50
2014-04	102.07	102.04	107.76	108.12	104.72	103.54	104.62
2014-05	102.18	101.80	109.54	109.18	105.64	104.52	103.21
2014-06	105.79	105.15	111.80	111.92	108.09	107.14	107.08
2014-07	103.59	102.39	106.77	108.24	106.16	103.60	101.72
2014-08	96.54	96.08	101.61	103.40	101.74	98.44	96.56
2014-09	93.21	93.03	97.09	98.78	96.56	93.65	91.74
2014-10	84.40	84.34	87.43	88.11	86.79	82.96	80.94
2014-11	75.79	75.81	79.44	79.61	76.34	74.42	72.26
2014-12	59.29	59.29	62.34	63.27	60.61	58.79	56.81
2015-01	47.22	47.33	47.76	49.79	45.60	44.86	43.16
2015-02	50.58	50.73	58.10	58.91	55.44	53.96	52.60
2015-03	47.82	47.85	55.89	56.96	54.66	52.57	51.20
2015-04	54.45	54.63	59.52	61.28	58.55	56.30	55.27
2015-05	59.27	59.37	64.08	65.61	63.57	61.01	59.87
2015-06	59.82	59.83	61.48	63.81	61.80	58.27	57.24
2015-07	50.90	50.93	56.56	56.74	56.00	49.82	49.00
2015-08	42.87	42.89	46.52	48.21	47.74	40.38	39.60
2015-09	45.48	45.47	47.62	48.59	45.39	40.74	39.75
2015-10	46.22	46.25	48.43	49.34	45.85	41.11	40.00
2015-11	42.44	42.92	44.27	45.97	41.71	38.09	37.41
2015-12	37.19	37.33	38.01	38.90	34.60	31.80	30.53

　　数据来源：WTI现货、WTI期货、Brent现货数据来自EIA网站 http://www.eia.gov/；Brent期货月均数据根据日度数据计算得到；迪拜现货、辛塔现货、大庆现货数据来自凤凰网 http://app.finance.ifeng.com/.

表 8-6 原油到岸价格国际比较

单位：美元/桶

月份	法国	德国	意大利	西班牙	英国	日本	加拿大	美国	加权平均
2014－01	110.14	109.91	109.05	106.61	110.63	113.27	104.11	90.00	102.34
2014－02	110.61	109.63	109.00	107.58	110.85	110.43	105.24	95.32	103.89
2014－03	109.63	108.47	107.71	104.64	109.43	110.03	106.26	95.83	103.43
2014－04	108.65	108.24	107.00	105.02	109.08	109.44	105.83	96.01	103.26
2014－05	110.19	109.66	109.78	107.27	110.92	109.19	105.55	97.15	104.15
2014－06	111.11	111.29	111.59	108.02	111.59	110.31	107.52	99.51	106.00
2014－07	108.61	107.53	108.14	106.34	109.71	111.63	106.11	98.09	104.45
2014－08	102.92	101.85	102.76	100.29	103.75	109.44	101.26	93.41	100.04
2014－09	96.08	98.42	97.37	95.82	99.06	104.86	97.94	89.13	95.51
2014－10	88.58	88.77	87.01	88.22	90.02	97.59	90.09	83.90	88.57
2014－11	80.47	80.07	79.48	75.41	81.53	86.55	82.33	74.94	79.13
2014－12	64.44	65.05	65.38	62.44	66.27	75.34	71.59	58.99	64.91
2015－01	51.58	49.90	49.96	50.05	51.61	59.60	55.27	46.50	50.90
2015－02	55.43	56.89	55.53	50.23	55.14	49.01	52.90	45.69	50.10
2015－03	57.89	56.32	57.76	53.00	57.86	55.78	55.39	46.53	52.64
2015－04	59.89	59.06	58.07	55.14	59.39	56.85	58.11	49.90	54.67
2015－05	63.59	63.74	62.59	58.95	65.28	60.92	61.71	56.22	59.86
2015－06	61.48	62.11	62.20	58.67	62.63	64.93	61.57	57.52	60.51
2015－07	57.36	57.20	56.60	54.60	58.40	62.48	58.69	52.44	56.30
2015－08	50.72	48.05	48.87	46.49	49.59	56.47	51.89	43.63	48.30
2015－09	47.76	47.32	46.68	43.56	47.89	49.24	46.95	39.71	44.45
2015－10	48.67	47.38	47.51	45.85	49.14	47.23	46.75	41.07	44.94
2015－11	45.95	44.09	43.93	42.66	45.67	46.50	46.36	38.75	42.46
2015－12	39.38	39.09	37.60	35.34	40.24	41.83	42.06	33.37	37.23

注：到岸价＝成本＋保险＋运费。

数据来源：IEA, Monthly Oil Price Statistics.

表 8 - 7　成品油价格

执行时间	汽油价格		柴油价格	
	（元/吨）	（元/升）	（元/吨）	（元/升）
2015/1/12	6595	4.81	5640	4.85
2015/1/26	6230	4.55	5290	4.55
2015/2/9	6520	4.76	5570	4.79
2015/2/27	6910	5.04	5945	5.11
2015/3/12	6910	5.04	5945	5.11
2015/3/26	6670	4.87	5715	4.91
2015/4/10	6790	4.96	5830	5.01
2015/4/24	7090	5.18	6115	5.26
2015/5/11	7345	5.36	6360	5.47
2015/5/25	7345	5.36	6360	5.47
2015/6/8	7235	5.28	6255	5.38
2015/6/23	7235	5.28	6255	5.38
2015/7/7	7140	5.21	6165	5.30
2015/7/21	6875	5.02	5900	5.07
2015/8/4	6655	4.86	5685	4.89
2015/8/18	6445	4.70	5480	4.71
2015/9/1	6320	4.61	5360	4.61
2015/9/16	6410	4.68	5450	4.69
2015/9/30	6410	4.68	5450	4.69
2015/10/20	6460	4.72	5500	4.73
2015/11/3	6335	4.62	5375	4.62
2015/11/17	6250	4.56	5295	4.55
2015/12/1	6105	4.46	5155	4.43
2015/12/15	6105	4.46	5155	4.43
2015/12/29	6105	4.46	5155	4.43

注：本表价格是指成品油生产经营企业供军队及新疆生产建设兵团、国家储备用汽、柴油（标准品）的供应价格；汽油密度取 0.73 千克/升；柴油密度取 0.86 千克/升。

数据来源：每吨价格数据来自国家发展改革委网站 http://www.sdpc.gov.cn/；每升价格数据根据汽、柴油密度计算得到。

表 8 – 8　中国 36 个大中城市汽、柴油价格

单位：元/吨

执行时间	90 号汽油	93 号汽油	97 号汽油	0 号柴油
2013/09	9627	10253	10842	8775
2013/10	9404	10017	10589	8569
2013/11	9266	9851	10410	8396
2013/12	9444	10046	10628	8548
2014/01	9557	10128	10709	8460
2014/02	9448	9991	10569	8334
2014/03	9630	10206	10798	8535
2014/04	9560	10125	10713	8481
2014/05	9649	10226	10819	8572
2014/06	9736	10316	10911	8652
2014/07	9771	10358	10958	8680
2014/08	9550	10110	10702	8453
2014/09	9276	9820	10387	8188
2014/10	8979	9512	10059	7921
2014/11	8414	8908	9425	7397
2014/12	8234	8720	9228	7083
2015/01	7543	7996	8459	6457
2015/02	7310	7748	8197	6227
2015/03	7797	8258	8743	6704
2015/04	7737	8197	8668	6669
2015/05	8146	8628	9130	7066
2015/06	8157	8643	9140	7087
2015/07	7968	8446	8931	6906
2015/08	7469	7923	8342	6423
2015/09	7237	7672	8116	6194

数据来源：中国价格协会能源供水价格专业委员会《能源市场价格行情》。

表 8-9　中国 36 个大中城市汽、柴油零售价格

单位：元/吨

地　区	90 号汽油	93 号汽油	97 号汽油	0 号柴油
北　京	–	7263	7733	5994
天　津	7022	7426	7919	6031
石家庄	6805	6617	7658	5217
太　原	6865	7288	7714	5908
呼和浩特	–	7070	7393	5761
沈　阳	–	7214	7622	5845
大　连	–	7214	7622	5845
长　春	–	7109	7512	5737
哈尔滨	6610	7007	7403	5275
上　海	–	7255	7824	5624
南　京	6928	7489	7923	6048
杭　州	6860	6709	7497	5452
宁　波	6133	6556	7372	5408
合　肥	7155	7585	8014	5825
福　州	–	6606	7682	5519
厦　门	6845	6572	7610	5413
南　昌	–	6962	7663	5809
济　南	5045	6223	7650	5183
青　岛	6803	7229	7656	5845
郑　州	–	7008	7656	5138
武　汉	6591	6447	7537	5236
长　沙	–	7300	7731	5560
广　州	–	6463	6675	5496
深　圳	–	6953	7484	5678
南　宁	–	6067	7321	4946
海　口	–	7076	7475	5462
重　庆	7020	7378	7816	5845
成　都	7025	7465	7904	6080
贵　阳		7422	7859	6040
昆　明	7015	7486	7862	6027
拉　萨	–	–	–	–
西　安	–	7449	7608	5832
兰　州	6790	7216	7641	5865
西　宁	6770	7176	7583	5890
银　川	6825	7215	7644	5783
乌鲁木齐	–	6980	7436	5798

注：本表数据为 2015 年 9 月价格。

数据来源：中国价格协会能源供水价格专业委员会《能源市场价格行情》。

表 8-10 成品油零售价格国际比较

国家	汽油 （美元/升）	柴油 （美元/升）	取暖用油 （美元/升）	工业用低硫燃料 油（美元/千克）
法国	1.386	1.144	0.654	0.290
德国	1.414	1.152	0.560	-
意大利	1.576	1.419	1.175	0.293
西班牙	1.247	1.093	0.607	0.300
英国	1.562	1.620	0.563	-
日本	1.034	0.886	0.583	-
加拿大	0.741	0.733	0.705	-
美国	0.538	0.610	-	-

注：本表数据为 2015 年 12 月数据；法国、德国、意大利、西班牙、英国汽油价格为优质无铅汽油价格（95 RON）；日本、加拿大、美国汽油价格为普通无铅汽油价格；柴油价格为非商业使用车用柴油价格；日本国内取暖用油价格为煤油价格；法国、意大利、西班牙、英国的工业用低硫燃料油价格不含增值税，因其增值税会返还给工业用户。

数据来源：IEA，Monthly Oil Price Statistics.

（三）天然气价格

表8-11　国产陆上天然气出厂基准价格

单位：元/千立方米

油气田	用户分类	基准价
川渝气田	化肥	920
	直供工业	1505
	城市燃气（工业）	1550
	城市燃气（除工业）	1150
长庆气田	化肥	940
	直供工业	1355
	城市燃气（工业）	1400
	城市燃气（除工业）	1000
青海气田	化肥	890
	直供工业	1290
	城市燃气（工业）	1290
	城市燃气（除工业）	890
新疆各气田	化肥	790
	直供工业	1215
	城市燃气（工业）	1190
	城市燃气（除工业）	790

油气田	用户分类	基准价
大港、辽河、中原	化肥	940
	直供工业	1570
	城市燃气（工业）	1570
	城市燃气（除工业）	1170
其他油田	化肥	1210
	直供工业	1610
	城市燃气（工业）	1610
	城市燃气（除工业）	1210
西气东输	化肥	790
	直供工业	1190
	城市燃气（工业）	1190
	城市燃气（除工业）	790
忠武线	化肥	1141
	直供工业	1541
	城市燃气（工业）	1541
	城市燃气（除工业）	1141
陕京线	化肥	1060
	直供工业	1460
	城市燃气（工业）	1460
	城市燃气（除工业）	1060
川气东送	用户分类	1510

注：供需双方可以基准价格为基础，在上浮10%、下浮不限的范围内协商确定具体价格；上述出厂（或首站）价格政策自2010年6月1日起执行。

数据来源：国家发展改革委网站 http：//www. sdpc. gov. cn/.

表 8－12 各省（区、市）非居民用天然气基准门站价格

单位：元/千立方米

省份	基准门站价格	省份	基准门站价格
北京	2000	湖北	1960
天津	2000	湖南	1960
河北	1980	广东	2180
山西	1910	广西	2010
内蒙古	1340	海南	1640
辽宁	1980	重庆	1640
吉林	1760	四川	1650
黑龙江	1760	贵州	1710
上海	2180	云南	1710
江苏	2160	陕西	1340
浙江	2170	甘肃	1430
安徽	2090	宁夏	1510
江西	1960	青海	1270
山东	1980	新疆	1150
河南	2010		

注：本表价格含增值税；山东交气点为山东省界；国家发展改革委2015 年 11 月 18 日发布通知将非居民用气由最高门站价格管理改为基准门站价格管理；上述基准门站价格暂不上浮，下浮不限，自 2016 年 11 月 20 日起最高可上浮 20%。

数据来源：国家发展改革委网站 http：//www. sdpc. gov. cn/.

表8-13 工业用天然气价格

单位：元/立方米

地区		2010年4月	2011年8月	2012年1月	2013年1月	2013年7月	2014年6月	2014年10月	2015年11月
北京		–	–	–	–	3.23	3.23	3.65	3.16
天津		2.40－2.80	2.75－3.15	2.75－3.15	2.75－3.15	3.25	3.25	3.65	2.77
石家庄		–	–	–	–	3.45	3.45	3.8	3.02
郑州		–	–	–	–	–	3.23	3.6	2.9
哈尔滨		–	–	–	–	–	4.3	4.56	4.3
济南		3.29	3.61	3.61	3.61	4.14	4.14	4.5	3.5*
上海	>500万立方米	3	3.39	3.39	3.39	3.39	3.79	3.99	3.57
	120－500万立方米	3.5	3.89	3.89	3.89	3.89	4.29	4.49	4.07
	0－120万立方米	3.8	4.19	4.19	4.19	4.19	4.59	4.79	4.37
	掺混改质	1.78	2.17	2.17	2.17	2.17	2.57	2.77	–
南京	南京港华燃气有限公司	–	–	–	–	–	3.25	3.65	–
	南京中燃城市燃气发展有限公司	–	–	–	–	–	3.65	3.95	–
	南京江宁华润燃气有限公司	–	–	–	–	–	4.1	4.3	4.18
福州		–	–	4.2	4.2	4.2	4.2	4.2	–
广州		4.85	4.85	4.85	4.85	4.85	4.85	4.85	4.36
桂林		5.5	5.5	5.5	5.5	5.5	5.5	5.5	4.2
武汉		2.2	3	3	3	3	3.41	4.035	3.493
乌鲁木齐		1.88	1.88	2.11	2.11	2.11	2.11	2.11	2.39
西宁		–	–	–	1.47	1.7	1.7	1.7	2.1
成都		–	2.6	2.59	2.86	3.25	3.25	3.25	3.23
重庆		–	–	2.38	–	2.54	2.54	2.84	2.14

注：＊表示2015年11月济南天然气价格下降为3.7元/立方米，2016年1月1日再次下调至3.5元/立方米。

数据来源：各市发改委及物价局网站。

表 8 - 14 工业用天然气价格国际比较（IEA）

单位：美元/立方米

年份	加拿大	法国	日本	韩国	英国	美国	俄罗斯
2003	0.20	0.22	0.36	–	0.15	0.21	0.03
2004	0.21	0.24	0.36	0.32	0.19	0.23	0.04
2005	0.27	0.31	0.37	0.36	0.28	0.30	0.05
2006	0.25	0.38	0.40	0.46	0.36	0.28	0.06
2007	0.20	0.38	0.42	0.51	0.31	0.27	0.07
2008	0.33	0.56	–	0.47	0.41	0.34	0.09
2009	0.16	0.41	0.53	0.45	0.30	0.19	0.08
2010	0.15	0.45	0.59	0.57	0.28	0.19	0.10
2011	0.17	0.56	0.76	0.65	0.38	0.18	–
2012	–	0.55	–	–	0.42	0.14	–
2013	0.15	0.56	–	0.85	0.45	0.17	–
2014	0.17	0.53	–	–	0.43	0.20	–

注：本表数据为平均值，现价。

数据来源：IEA，Energy Prices&Taxes - 2015Q2.

表 8 - 15　民用天然气价格

单位：元/立方米

地区	2010年9月	2011年11月	2012年8月	2013年1月	2013年8月	2014年9月	2015年11月	
北京	—	—	—	2.28	2.28	2.28	0-350立方米（含）	2.28
							350-500立方米（含）	2.5
							500立方米以上	3.9
天津	2.2	2.2	2.2	2.2	2.2	2.4	0-300立方米（含）	2.4
							301-600立方米（含）	2.88
							600立方米以上	3.6
石家庄	2.2	2.4	2.4	2.4	2.4	2.4	—	
太原	—	—	2.26	2.26	2.26	2.26	—	
郑州	—	—	—	—	—	月用气量≤50立方米 2.25	—	
						月用气量>50立方米 2.93		
济南	2.4	2.7	2.7	2.7	2.7	2.7	0-216立方米（含）	3.0
							216-360以上（含）	3.6
							360立方米以上	4.5
上海	2.5	2.5	2.5	2.5	2.5	0-310立方米（含） 3	0-310立方米（含）	3
						310-520立方米（含） 3.3	310-520立方米（含）	3.3
						520立方米以上 4.2	520立方米以上	4.2
海口	2.6	2.6	2.6	3.15	3.15	3.15	0-277立方米（含）	3.15
							278-421立方米（含）	3.78
							421立方米以上	3.96

续表

地区	2010年9月	2011年11月	2012年8月	2013年1月	2013年8月	2014年9月	2015年11月
福州	—	3.65	4.29	4.29	4.29	4.29	0-192立方米（含） 3.65 193-300立方米（含） 4.38 300立方米以上 5.48
广州	3.45	3.45	3.45	3.45	3.45	3.45	0-320立方米（含） 3.45 320-400立方米（含） 4.14 400立方米以上 5.18
桂林	4	4	月用气量≤40立方米 4.6 月用气量>40立方米 5.81	4.6 5.81	4.6	4.6 5.81	0-360立方米（含）* 3.30 360-600立方米（含）* 3.96 600立方米以上* 4.95
武汉	2.53	2.53	2.53	2.53	2.53	2.53	2.53
乌鲁木齐	1.37	1.37	1.37	1.37	1.37	1.37	1, 37
西宁	1.25	1.25	1.25	1.25	1.48	1.48	1.48
成都	1.89	1.89	1.89	1.89	1.89	1.89	0-500立方米* 1.89 501-660立方米* 2.27 661立方米以上* 2.84
重庆	1.72	1.72	1.72	1.72	1.72	1.72	1.72

注：* 表示2016年1月1日起执行。

数据来源：各市发改委及物价局网站。

表 8-16　民用天然气价格国际比较（IEA）

单位：美元/立方米

年份	加拿大	法国	日本	韩国	英国	美国
2005	0.39	0.55	1.16	0.49	0.42	0.46
2006	0.45	0.66	1.15	0.60	0.55	0.49
2007	0.45	0.73	1.15	0.66	0.61	0.47
2008	0.47	0.86	-	0.59	0.67	0.50
2009	0.37	0.79	1.46	0.54	0.64	0.43
2010	0.40	0.80	1.54	0.61	0.61	0.40
2011	0.40	0.94	1.79	0.70	0.73	0.39
2012	-	0.91	-	-	0.80	0.35
2013	0.37	0.97	1.58	0.82	0.82	0.37
2014	0.38	0.97	-	-	0.90	0.39

注：本表数据为平均值，现价。

数据来源：IEA，Energy Prices&Taxes-2015Q2.

表 8-17 发电用天然气价格

单位：元/立方米

地区	2009 年 3 月	2010 年 7 月	2011 年 12 月	2012 年 11 月	2013 年 7 月	2014 年 4 月	2014 年 10 月	2015 年 11 月
北 京	-	-	-	-	2.67	2.67	3.09	2.51
天 津	2.0-2.4	-	-	-	3.25	3.25	3.25	2.77
石家庄	-	-	-	-	3.1	3.1	3.1	-
上 海	1.93	2.32	2.32	2.32	2.32	2.72	2.92	2.5
武 汉	-	2.172	2.172	2.172	2.172	2.582	3.072	2.372
西 安	-	1.98	1.98	1.98	1.98	1.98	1.98	-
银 川	-	-	-	-	-	-	1.98	-
乌鲁木齐	1.37	1.37	1.37	1.37	1.37	1.37	1.37	-
西 宁	-	-	-	-	-	1.3	1.3	-

数据来源：各市发改委及物价局网站。

表 8-18 发电用天然气价格国际比较（IEA）

单位：美元/立方米

年份	加拿大	韩国	英国	美国
2003	0.16	-	0.12	0.20
2004	0.16	0.27	0.15	0.22
2005	0.21	0.34	0.20	0.30
2006	0.22	0.44	0.26	0.26
2007	0.23	0.46	0.27	0.26
2008	0.25	0.63	0.33	0.34
2009	0.18	0.42	0.24	0.17
2010	0.19	-	0.24	0.19
2011	0.17	-	0.33	0.18
2012	-	-	-	0.13
2013	0.17	-	0.39	0.16
2014	-	-	0.34	0.18

注：本表数据为平均值，现价。

数据来源：IEA，Energy Prices & Taxes - 2015Q2.

表 8-19 车用天然气价格

单位：元/立方米

地 区	2010 年 8 月	2011 年 9 月	2012 年 12 月	2013 年 9 月	2014 年 10 月	2015 年 11 月
北 京	-	-	-	5.12	放开车用气销售价格，由经营企业自行制定	-
天 津	3.95	3.95	3.95	4.2	4.95	-
石家庄	-		3.3	3.75	4.2	3.5
太 原	3.6	-	-	4.45	4.8	-
济 南	4.22	4.28	4.28	4.71	5.04	4.2
上 海	4.2	4.7	4.7	5.1	5.1	
南 京	-	-	-	4.9	4.9	4.2
海 口	3.2	3.76	3.76	4.06	4.06	-
武 汉	4.5	4.5	4.5	4.5	4.5	4.1
西 安	2.65	3.55	3.55	3.55	3.55	-
乌鲁木齐	2.08	2.08	4.07	4.07	4.07	-
兰 州	-	-	-	-	3.56	-
成 都	4	4	4	4	4	3
重 庆	-	-	3.28	3.65	3.97	3.27

数据来源：各市发改委及物价局网站。

表 8-20 天然气进口价格

年份	天然气		LNG		
	美元/立方米	美元/MBTU	美元/吨	美元/立方米	美元/MBTU
2009	-	-	232.69	0.17	4.47
2010	0.28	7.71	323.39	0.23	6.22
2011	0.33	9.03	471.98	0.34	9.08
2012	0.39	10.91	560.36	0.41	10.78
2013	0.36	9.90	589.82	0.43	11.34
2014	0.37	9.90	616.35	0.45	12.1
2015	0.28	7.70	449	0.33	8.82

注：进口价格 = 进口额/进口量；1 吨 LNG 折合 1380 立方米天然气；1Mbtu 天然气折合 27.1 立方米天然气。

数据来源：海关总署网站 http：//www. customs. gov. cn/；海关信息网 http：//www. haiguan. info/.

表 8 - 21 天然气价格国际比较

单位：美元/MBTU

| 年份 | 天然气 | | | | LNG |
| | 德国 | 英国 | 美国 | 加拿大 | 日本 |
	平均进口到岸价	全国名义平均点数	亨利中心	阿尔伯塔	到岸价
2000	2.89	2.71	4.23	3.75	4.72
2001	3.66	3.17	4.07	3.61	4.64
2002	3.23	2.37	3.33	2.57	4.27
2003	4.06	3.33	5.63	4.83	4.77
2004	4.32	4.46	5.85	5.03	5.18
2005	5.88	7.38	8.79	7.25	6.05
2006	7.85	7.87	6.76	5.83	7.14
2007	8.03	6.01	6.95	6.17	7.73
2008	11.56	10.79	8.85	7.99	12.55
2009	8.52	4.85	3.89	3.38	9.06
2010	8.01	6.56	4.39	3.69	10.91
2011	10.49	9.04	4.01	3.47	14.73
2012	10.93	9.46	2.76	2.27	16.75
2013	10.73	10.63	3.71	2.93	16.17
2014	9.11	8.22	4.35	3.87	16.33

注：到岸价 = 成本 + 保险 + 运费。

数据来源：BP Statistical Review of World Energy 2015.

（四）电力价格

表8-22　各地区燃煤机组脱硫标杆上网电价

执行时间 地区	2011年 6月1日	2011年 12月1日	2013年 9月25日	2014年 9月1日	2015年 4月20日
北　京	38.07	40.02	38.67	38.04	36.34
天　津	38.38	41.18	39.83	39.29	36.95
河北（北网）	40.13	42.43	41.08	40.21	38.51
河北（南网）	40.17	43.00	41.96	41.14	37.94
山　西	35.62	38.57	37.67	36.52	34.18
山　东	42.19	44.69	43.57	42.76	40.74
蒙　西	28.79	31.09	30.04	28.84	28.17
上　海	45.73	47.73	45.23	44.73	42.39
江　苏	43.00	45.50	43.00	41.90	39.76
浙　江	45.70	48.20	45.70	44.60	43.33
安　徽	41.80	43.60	42.11	41.64	39.49
福　建	41.74	44.48	43.04	42.59	39.55
湖　北	44.50	47.80	45.82	44.72	42.96
湖　南	46.44	50.14	48.79	48.20	46.00
河　南	41.12	43.92	42.62	40.71	38.77
江　西	44.82	48.52	47.52	44.35	42.76
四　川	40.87	44.87	44.87	44.32	42.82
重　庆	41.11	44.91	43.31	42.63	40.93
辽　宁	39.22	41.42	40.22	39.24	37.43
吉　林	37.57	40.57	39.74	38.94	36.83
黑龙江	38.19	40.49	39.89	39.44	37.44
蒙　东	30.09	31.79	30.64	29.84	29.48
陕　西	36.72	39.74	38.64	37.74	37.74
甘　肃	30.83	33.43	32.09	31.69	30.01
宁　夏	27.02	28.86	27.61	26.71	26.71
青　海	32.40	35.40	34.50	34.20	34.20
广　东	49.80	52.10	50.20	49.00	49.00
广　西	44.07	47.72	45.52	44.54	43.04
云　南	33.46	36.06	36.06	36.06	34.43
贵　州	34.25	38.25	37.28	36.93	35.89
海　南	46.53	49.03	47.68	46.58	44.08

注：本表价格为含税价；本表价格含脱硫电价，不含脱硝、除尘电价，自2013年9月25日起提高脱硝电价至1分/千瓦时，增设除尘电价0.2分/千瓦时。

数据来源：国家发展改革委网站 http://www.sdpc.gov.cn/.

表8-23 跨省、跨区域电网送电价格调整情况

单位: 元/千千瓦时

类别	项目	降价标准
点对网	山西送华北	17.78
	内蒙古西部送华北	17.78
	山西送山东	20.20
	宁东送山东	20.20
	陕西送河北南网	32.00
	皖电东送	21.50
	内蒙古东部送黑龙江	20.00
	内蒙古东部送吉林	21.10
	内蒙古东部送辽宁	18.14
	湖南送广东	28.51
网对网	内蒙古西部送华北	6.73
	山西送华北	23.40
	山西送河北南网	23.40
	东北送华北	14.84
	新疆送河南	10.00

注：（1）本表价格为含税价，以上电价调整自2015年4月20日起执行。

（2）跨省、跨区域送电价格调整主要遵循市场原则由送受电供需双方协商确定。"点对网"上网电价，原则上按照落地省燃煤发电标杆上网电价调整幅度相应调整；存在多个落地省份的，原则上按照各落地省份燃煤发电标杆上网电价调价幅度加权平均后相应调整。"网对网"送电价格，原则上按照送电省燃煤发电标杆上网电价调整幅度相应调整。其中，经协商，内蒙古东部地区燃煤发电机组送黑龙江的落地电价高于黑龙江省燃煤发电标杆上网电价（含脱硫、脱硝、除尘）的，执行当地调整后的燃煤发电标杆上网电价。

（3）跨省、跨区域送电价格调整后，华北、东北、华东、华中、西北区域电网公司统购统销电量与省（区、市）电网公司的结算价格相应调整。

数据来源：国家发展改革委《关于降低燃煤发电上网电价和工商业用电价格的通知》。

表 8 − 24　各地区终端销售电价

地　区	2010 年		2012 年		2014 年	
	销售电价 （元/兆 瓦时）	增速 （%）	销售电价 （元/兆 瓦时）	增速 （%）	销售电价 （元/兆 瓦时）	增速 （%）
北　京	704	4.8	733	3.2	776	5.2
天　津	607	4.5	682	4.9	719	6.3
河北（北网）	479	2.4	587	19.2	596	0.8
河北（南网）	519	5.1	639	13.2	664	− 0.5
山　西	452	6.6	514	7.7	521	− 0.2
山　东	557	3.2	660	7.2	712	5.9
蒙　东	453	4.6	505	15.4	556	4.6
蒙　西	389	6.6	−	−	−	−
辽　宁	596	2.4	627	4.0	628	− 0.2
吉　林	542	2.4	618	5.0	626	− 0.5
黑龙江	532	4.0	573	5.2	559	− 0.9
陕　西	476	4.4	539	6.8	569	0.5
甘　肃	397	8.0	429	6.9	462	8.3
青　海	333	11.5	371	6.3	384	0.5
宁　夏	411	9.7	410	2.7	407	− 0.3
新　疆	473	0.2	433	− 4.5	444	13.0
上　海	720	3.2	754	5.8	769	2.2
浙　江	625	1.5	758	19.6	754	− 0.3
江　苏	598	2.1	630	4.1	694	− 0.3
安　徽	534	2.5	582	5.3	690	5.2
福　建	536	3.9	639	7.2	669	0.8
湖　北	585	5.3	654	7.5	675	− 0.5
河　南	478	7.5	540	7.1	569	5.0
湖　南	558	6.1	627	6.5	673	− 0.2
江　西	573	1.8	658	10.7	733	− 0.6
四　川	493	− 1.4	502	− 0.7	550	1.6
重　庆	559	3.0	658	17.3	643	− 0.6
西　藏	625	9.5	596	− 0.7	−	−
广　东	707	1.0	760	2.3	715	− 1.0
广　西	496	5.2	570	6.1	567	− 1.2
云　南	407	6.1	459	0.5	444	− 2.3
贵　州	415	7.2	509	4.7	512	− 3.3
海　南	682	3.2	743	3.9	744	− 0.6

注：销售电价含税，不含政府性基金和附加。

数据来源：中国电力企业联合会历年《中国电力行业年度发展报告》。

表8-25 居民用电价格

地　区	2010年		2012年		2014年	
	居民电价（元/兆瓦时）	增速（%）	居民电价（元/兆瓦时）	增速（%）	居民电价（元/兆瓦时）	增速（%）
北　京	472	-0.2	480	1.4	496	0.4
天　津	488	0.0	492	0.8	502	0.4
河北（北网）	485	0.1	488	0.0	-	-
河北（南网）	487	0.5	489	0.8	515	4.9
山　西	464	-0.3	472	1.9	486	-0.3
山　东	519	-0.2	531	0.5	536	-0.1
蒙　东	448	3.9	486	2.1	504	-0.2
蒙　西	368	-4.6	-	-	-	-
辽　宁	497	0.2	501	0.7	511	-0.2
吉　林	522	0.1	529	1.3	534	0.1
黑龙江	459	-0.2	480	4.6	481	-0.1
陕　西	497	0.2	501	0.6	507	-0.1
甘　肃	487	-0.3	498	3.0	526	0.2
青　海	356	3.3	379	6.1	407	0.3
宁　夏	452	-1.1	455	1.0	456	2.2
新　疆	500	0.2	528	5.4	532	0.0
上　海	537	-0.7	553	1.9	570	-0.8
浙　江	527	-0.2	558	0.9	557	-0.7
江　苏	503	-0.1	510	1.3	520	-1.2
安　徽	545	-0.7	556	1.1	569	-0.9
福　建	474	0.3	524	4.4	557	2.0
湖　北	563	0.5	576	2.1	586	-1.4
河　南	546	0.1	557	2.0	570	-2.0
湖　南	530	0.7	542	2.5	607	-1.1
江　西	599	0.2	610	1.8	619	-0.3
四　川	508	0.3	517	1.5	531	-1.6
重　庆	517	0.0	528	1.9	538	-1.2
西　藏	497	-6.6	490	0.3	-	-
广　东	628	0.1	663	1.8	647	0.8
广　西	518	0.7	552	2.5	461	0.2
云　南	452	0.3	461	0.2	476	0.5
贵　州	438	0.7	465	3.9	485	-1.0
海　南	600	0.1	616	2.6	605	0.8

注：居民电价为到户价。

数据来源：中国电力企业联合会历年《中国电力行业年度发展报告》；国家能源局《2013-2014年全国电力企业价格情况监管通报》。

表 8 - 26　居民用电价格国际比较

单位：美元/千瓦时

年份 国家/地区	2010	2011	2012	2013	2014
法国	0.16	0.19	0.18	0.19	0.21
德国	0.33	0.35	0.34	0.39	0.40
日本	0.23	0.26	0.28	0.24	0.24
韩国	0.08	0.09	0.09	0.10	0.11
英国	0.20	0.21	0.22	0.23	0.26
美国	0.12	0.12	0.12	0.12	0.13

注：本表数据为平均值，现价；美国不含税。

数据来源：IEA，Energy Prices & Taxes - 2015Q2.

表 8 - 27　工业用电价格国际比较

单位：美元/千瓦时

年份 国家/地区	2010	2011	2012	2013	2014
法国	0.11	0.12	0.12	0.13	0.13
德国	0.14	0.16	0.15	0.17	0.18
日本	0.15	0.18	0.19	0.17	0.18
英国	0.12	0.13	0.13	0.14	0.16
美国	0.07	0.07	0.07	0.07	0.07

注：本表数据为平均值，现价；美国不含税。

数据来源：IEA，Energy Prices & Taxes - 2015Q2.

九、能源效率

（一）综合能源效率

表9-1 终端消费与中间损耗（发电煤耗计算法）

年 份 \ 终端/中间	终端消费		加工转换损失		损失	
	绝对额	占比	绝对额	占比	绝对额	占比
	万吨标准煤	%	万吨标准煤	%	万吨标准煤	%
2000	140476	95.6	2472	1.7	4016	2.7
2001	148733	95.6	2482	1.6	4333	2.8
2002	162041	95.6	2757	1.6	4779	2.8
2003	188986	95.9	3078	1.6	5019	2.5
2004	221367	96.1	3364	1.5	5550	2.4
2005	250877	96.0	3882	1.5	6610	2.5
2006	275058	96.0	4255	1.5	7154	2.5
2007	299675	96.2	4071	1.3	7696	2.5
2008	307612	95.9	5185	1.6	7815	2.4
2009	322120	95.8	5879	1.7	8126	2.4
2010	337469	93.6	14294	4.0	8885	2.5
2011	373296	96.4	4548	1.2	9199	2.4
2012	386888	96.2	5524	1.4	9726	2.4
2013	403814	96.9	2660	0.6	10439	2.5
2014	413162	97.0	2443	0.6	10201	2.4

数据来源：国家统计局《中国能源统计年鉴2014》《中国能源统计年鉴2015》。

表 9-2　终端消费与中间损耗（电热当量计算法）

年份	终端消费		加工转换损失		损失	
	绝对额	占比	绝对额	占比	绝对额	占比
	万吨标准煤	%	万吨标准煤	%	万吨标准煤	%
2000	106173	75.3	33231	23.6	1589	1.1
2001	112022	75.6	34540	23.3	1702	1.1
2002	122349	75.6	37724	23.3	1861	1.1
2003	143480	75.8	43851	23.2	1939	1.0
2004	169726	76.9	48872	22.1	2140	1.0
2005	192767	76.9	55520	22.1	2547	1.0
2006	209541	76.2	62789	22.8	2804	1.0
2007	228156	76.2	68039	22.7	3076	1.0
2008	234674	76.6	68573	22.4	3209	1.0
2009	246777	76.8	71115	22.1	3443	1.1
2010	259577	75.5	80221	23.3	3803	1.1
2011	286985	77.5	79241	21.4	3937	1.1
2012	297681	78.0	79621	20.9	4213	1.1
2013	307555	77.9	82721	21.0	4518	1.1
2014	313935	78.4	81935	20.5	4428	1.1

数据来源：国家统计局《中国能源统计年鉴 2014》《中国能源统计年鉴 2015》。

表9-3　终端消费与中间损耗国际比较

终端/中间 国家/地区	终端消费		加工转换损失		损失	
	绝对额	占比	绝对额	占比	绝对额	占比
	万吨标准煤	%	万吨标准煤	%	万吨标准煤	%
世界	1328723	68.6	576474	29.8	31124	1.6
OECD	520810	68.9	225233	29.8	9860	1.3
非OECD	757521	67.0	351241	31.1	21264	1.9
中国	**277641**	**64.6**	**147525**	**34.3**	**4497**	**1.0**
美国	213581	68.3	95720	30.6	3321	1.1
欧盟	162687	70.2	45900	28.2	3720	1.6
印度	75477	68.3	24244	29.2	2706	2.4
俄罗斯	62070	59.3	33741	36.8	4080	3.9
日本	44487	67.9	14656	31.2	584	0.9
德国	32129	71.1	8479	27.8	513	1.1
巴西	32633	78.0	4553	19.1	1240	3.0
韩国	23977	64.1	10015	35.3	235	0.6
法国	28442	79.2	3403	19.3	546	1.5
加拿大	22508	60.5	11479	37.4	792	2.1
伊朗	23631	73.6	5082	24.8	502	1.6
印尼	23141	71.2	6065	26.7	696	2.1
英国	18433	67.9	6101	30.5	442	1.6
沙特	19010	68.5	6032	30.6	246	0.9
墨西哥	16882	63.5	7312	34.6	522	2.0
意大利	17310	78.1	2370	20.4	322	1.5
南非	10617	51.2	8614	47.6	264	1.3

注：（1）本表数据为2013年数据；

（2）在IEA的统计口径中，工业终端能源消费量不包括能源工业自用量；

（3）标准量折算采用电热当量计算法。

数据来源：IEA，World Energy Balances（2015 edition）.

表 9-4　能源加工转换效率

单位:%

指标 年份	总效率	发电及 电站供热	炼焦	炼油
2000	69.38	37.78	96.20	97.32
2001	69.70	38.15	96.47	97.60
2002	68.99	38.67	96.63	96.73
2003	69.38	38.46	96.13	96.38
2004	70.60	38.64	97.10	96.48
2005	71.11	38.97	97.14	96.94
2006	70.87	39.08	97.02	96.90
2007	71.23	39.80	97.54	97.17
2008	71.46	40.47	98.46	96.22
2009	72.41	41.23	98.00	96.74
2010	72.52	41.99	96.38	97.00
2011	72.19	42.13	96.30	97.41
2012	72.68	42.81	95.65	97.11
2013	72.96	43.12	95.60	97.65
2014	73.49	43.55	95.07	97.54

数据来源:国家统计局《中国能源统计年鉴2015》。

表9-5 万元国内生产总值能源消费量

年份 \ 指标	单位 GDP 能耗		单位能耗创造的 GDP	
	绝对额（吨标准煤/万元）	增速（%）	绝对额（元/吨标准煤）	增速（%）
国内生产总值按 2000 年可比价格计算				
2000	1.47	–	6789	–
2001	1.44	– 2.3	6947	2.3
2002	1.44	– 0.1	6952	0.1
2003	1.52	5.7	6580	– 5.4
2004	1.61	6.1	6200	– 5.8
2005	1.64	2.0	6080	– 1.9
国内生产总值按 2005 年可比价格计算				
2005	1.41	–	7112	–
2006	1.37	– 2.7	7313	2.8
2007	1.30	– 4.8	7682	5.0
2008	1.22	– 6.1	8179	6.5
2009	1.17	– 4.0	8519	4.2
2010	1.14	– 3.0	8781	3.1
国内生产总值按 2010 年可比价格计算				
2010	0.88	–	11338	–
2011	0.86	– 2.0	11567	2.0
2012	0.83	– 3.5	11995	3.7
2013	0.80	– 3.7	12460	3.9
2014	0.76	– 4.7	13086	5.0
2015	0.72	– 5.6	13853	5.9

数据来源：2000 - 2014 年数据来自国家统计局《中国能源统计年鉴2015》；2015 年数据根据《2015 年国民经济和社会发展统计公报》相关数据计算得到。

表 9-6 单位 GDP 能耗国际比较

TPES/GDP 国家/地区	按汇率计算		按购买力平价计算	
	吨标准油/ 万美元	吨标准煤/ 万美元	吨标准油/ 万美元	吨标准煤/ 万美元
世界	1.7	2.4	1.2	1.7
OECD	1.1	1.6	1.1	1.6
非 OECD	2.6	3.7	1.3	1.8
中国	**2.9**	**4.1**	**1.6**	**2.4**
美国	1.3	1.9	1.3	1.9
欧盟	0.9	1.2	0.9	1.2
印度	3.1	4.4	0.9	1.2
俄罗斯	3.7	5.2	1.8	2.6
日本	1.0	1.4	1.0	1.4
德国	0.8	1.1	0.8	1.2
巴西	1.3	1.8	0.9	1.3
韩国	1.9	2.8	1.6	2.3
法国	0.8	1.2	0.9	1.3
加拿大	1.9	2.7	2.1	3.0
伊朗	5.9	8.5	1.9	2.7
印尼	2.0	2.8	0.7	0.9
英国	0.6	0.9	0.7	1.0
沙特	3.2	4.6	1.5	2.1
墨西哥	1.5	2.1	0.9	1.3
意大利	0.7	1.0	0.7	1.0
南非	3.6	5.2	1.8	2.6

注：本表数据为 2014 年数据；按汇率计算 GDP 为 2014 年现价美元；按购买力平价计算 GDP 为 2014 年现价国际元。

数据来源：根据 BP Statistical Review of World Energy 2015 的能源消费量数及世界银行 GDP 数据计算得到。

表 9 - 7 分地区能耗强度

单位：吨标准煤/万元

地区 \ 年份	2010	2011	2012	2013	2014
全　国	0.88	0.86	0.83	0.80	0.76
北　京	0.49	0.46	0.44	0.38	0.36
天　津	0.74	0.71	0.67	0.57	0.54
河　北	1.35	1.30	1.22	1.10	1.02
山　西	1.83	1.76	1.69	1.58	1.52
内蒙古	1.44	1.40	1.33	1.09	1.05
辽　宁	1.13	1.10	1.04	0.88	0.84
吉　林	0.96	0.92	0.85	0.72	0.67
黑龙江	1.08	1.04	1.00	0.86	0.82
上　海	0.65	0.61	0.57	0.53	0.48
江　苏	0.62	0.60	0.57	0.53	0.49
浙　江	0.61	0.59	0.55	0.53	0.50
安　徽	0.79	0.75	0.72	0.67	0.63
福　建	0.67	0.64	0.61	0.55	0.54
江　西	0.67	0.65	0.61	0.58	0.57
山　东	0.89	0.85	0.82	0.68	0.64
河　南	0.93	0.89	0.83	0.71	0.68
湖　北	0.95	0.91	0.87	0.71	0.67
湖　南	0.93	0.89	0.83	0.67	0.63
广　东	0.58	0.56	0.53	0.48	0.46
广　西	0.83	0.80	0.77	0.69	0.67
海　南	0.66	0.69	0.67	0.62	0.60
重　庆	0.99	0.95	0.89	0.68	0.66
四　川	1.04	1.00	0.92	0.79	0.75
贵　州	1.78	1.71	1.64	1.38	1.30
云　南	1.20	1.16	1.12	0.97	0.93
陕　西	0.88	0.85	0.85	0.73	0.71
甘　肃	1.44	1.40	1.34	1.26	1.19
青　海	1.90	2.08	2.05	1.98	1.92
宁　夏	2.18	2.28	2.16	2.06	1.97
新　疆	1.52	1.63	1.74	1.80	1.79

注：GDP 按 2010 年不变价计算；标准量折算采用发电煤耗计算法。

数据来源：能源消费总量数据来自国家统计局《中国能源统计年鉴 2014》《中国能源统计年鉴 2015》；GDP 数据来自国家统计局《中国统计年鉴 2015》。

(二) 煤炭效率

表9-8 煤矿事故死亡率

年份 \ 指标	死亡人数（人）	百万吨死亡率（人/百万吨）	国有重点煤矿（人/百万吨）	地方国有煤矿（人/百万吨）	乡镇煤矿（人/百万吨）
2000	5798	5.81	0.97	3.46	10.99
2001	5670	5.13	1.88	4.23	15.44
2002	6995	4.94	1.25	3.83	12.12
2003	6434	3.71	1.07	3	7.61
2004	6027	3.08	0.93	2.77	5.87
2005	5938	2.81	0.96	1.94	5.53
2006	4746	2.04	0.63	1.91	3.89
2007	3786	1.49	0.31	1.27	3.02
2008	3215	1.18	0.33	1.16	2.37
2009	2631	0.89	0.38	0.8	1.51
2010	2433	0.75	0.29	0.62	1.42
2011	1973	0.56	0.16	0.66	1.1
2012	1384	0.37	0.12	0.42	0.75
2013	1041	0.29	-	-	-
2014	931	0.26	-	-	-

数据来源：国家煤矿安全监察局网站 http：//www.chinacoal - safe-ty. gov. cn/.

（三）石油效率

表9-9 石油生产成本国际比较

单位：美元/桶

国家	总成本	资本支出	运行支出
英国	52.5	21.8	30.7
巴西	48.8	17.3	31.5
加拿大	41.0	18.7	22.4
美国	36.2	21.5	14.8
挪威	36.1	24	12.1
安哥拉	35.4	18.8	16.6
哥伦比亚	35.3	15.5	19.8
尼日利亚	31.6	16.2	15.3
中国	29.9	15.6	14.3
墨西哥	29.1	18.3	10.7
哈萨克斯坦	27.8	16.3	11.5
利比亚	23.8	16.6	7.2
委内瑞拉	23.5	9.6	13.9
阿尔及利亚	20.4	13.2	7.2
俄罗斯	17.2	8.9	8.4
伊朗	12.6	6.9	5.7
阿联酋	12.3	6.6	5.7
伊拉克	10.7	5.6	5.1
沙特	9.9	4.5	5.4
科威特	8.5	3.7	4.8

数据来源：UCube by Rystad Energy（Interactive published Nov. 23, 2015）

（四）电力效率

表9-10 单位GDP用电量

年份	单位GDP用电量 （千瓦时/万元）	单位用电量创造的GDP （元/千瓦时）
GDP 按 2000 年可比价格计算		
2000	1357	7.4
2001	1366	7.3
2002	1398	7.2
2003	1465	6.8
2004	1533	6.5
2005	1568	6.4
GDP 按 2005 年可比价格计算		
2005	1340	7.5
2006	1361	7.3
2007	1369	7.3
2008	1318	7.6
2009	1285	7.8
2010	1335	7.5
GDP 按 2010 年可比价格计算		
2010	1027	9.7
2011	1050	9.5
2012	1030	9.7
2013	1029	9.7
2014	991	10.1
2015	932	10.7

数据来源：2000-2013年用电量数据来自中国电力企业联合会历年《电力工业统计资料汇编》；2014-2015年用电量数据来自中国电力企业联合会《2015年全国电力工业统计快报》；2000-2014年GDP数据来自国家统计局《中国统计年鉴2015》；2015年GDP数据来自《2015年国民经济和社会发展统计公报》。

表 9 - 11 单位 GDP 用电量国际比较

单位：千瓦时/万美元

年份 国家/地区	2010	2011	2012	2013
世界	4159	4173	4169	4132
OECD	2859	2793	2745	2675
非 OECD	7819	7907	7892	7788
中国	**10928**	**11211**	**11019**	**11064**
俄罗斯	11293	10885	10733	10522
伊朗	9439	9394	10068	9909
南非	8890	8580	8139	8772
印度	7920	8141	8152	8049
沙特	5490	5267	5444	4925
巴西	5019	5046	5215	4901
加拿大	4654	4730	4543	4595
韩国	4899	4948	4961	4524
土耳其	3724	3747	3861	3767
美国	3240	3168	3048	3021
澳大利亚	2898	2802	2691	2910
墨西哥	2842	2989	2845	2862
西班牙	2481	2447	2475	2397
法国	2443	2255	2325	2230
日本	2403	2272	2203	2185
意大利	1963	1966	1979	1893
德国	2092	1996	1982	1892
英国	1629	1566	1571	1437

注：GDP 按汇率法计算，以 2005 年美元为不变价。

数据来源：IEA，World Indicators（2015 edition）；IEA，World Energy Statistics（2015 edition）.

表9-12 分地区单位 GDP 用电量

单位：千瓦时/万元

年份 地区	2010	2011	2012	2013	2014
北 京	574	539	532	516	491
天 津	700	647	591	563	545
河 北	1320	1315	1237	1208	1156
山 西	1587	1587	1543	1470	1397
内蒙古	1317	1397	1356	1346	1383
辽 宁	929	899	838	815	782
吉 林	666	639	577	546	524
黑龙江	721	689	646	611	570
上 海	755	721	678	656	595
江 苏	933	931	905	893	831
浙 江	1018	1032	984	978	923
安 徽	872	870	866	880	836
福 建	892	916	857	831	826
江 西	742	785	735	729	715
山 东	842	837	796	781	743
河 南	1019	1029	966	935	936
湖 北	833	799	746	732	759
湖 南	731	715	669	642	624
广 东	882	869	844	813	818
广 西	1038	1035	965	939	915
海 南	770	800	836	837	838
重 庆	790	777	691	691	665
四 川	901	886	823	796	774
贵 州	1814	1784	1741	1665	1567
云 南	1390	1466	1418	1403	1360
西 藏	394	420	434	428	429
陕 西	849	852	819	797	774
甘 肃	1951	1991	1905	1856	1739
青 海	3443	3660	3499	3546	3473
宁 夏	3237	3828	3512	3498	3390
新 疆	1217	1378	1478	2034	2301

注：GDP 按 2010 年可比价格计算。

数据来源：中国电力企业联合会历年《电力工业统计资料汇编》；国家统计局《中国统计年鉴 2015》。

表 9-13　主要电力技术经济指标

年份	发电厂用电率（%）	线损率（%）	发电煤耗率（克标准煤/千瓦时）	供电煤耗率（克标准煤/千瓦时）
2000	6.28	7.81	363	392
2001	6.24	7.55	357	385
2002	6.15	7.52	356	383
2003	6.07	7.71	355	380
2004	5.95	7.55	349	376
2005	5.87	7.21	343	370
2006	5.93	7.04	342	367
2007	5.83	6.97	332	356
2008	5.90	6.79	322	345
2009	5.76	6.72	320	340
2010	5.43	6.53	312	333
2011	5.39	6.52	308	329
2012	5.05	6.33	305	325
2013	5.05	6.68	302	321
2014	4.83	6.64	300	319
2015	-	6.62	-	315

注：发电厂用电率、发电煤耗率、供电煤耗率数据为 6000 千瓦及以上电厂数据。

数据来源：2000-2014 年数据来自中国电力企业联合会历年《电力工业统计资料汇编》；2015 年数据来自中国电力企业联合会《2015 年全国电力工业统计快报》。

表 9-14　线损率国际比较

单位:%

年份 国家/地区	2000	2005	2010	2011	2012	2013
印度	29.7	25.0	21.8	22.3	18.2	19.7
巴西	16.3	15.1	15.8	15.6	16.1	15.5
俄罗斯	11.8	12.0	10.3	10.9	10.9	10.9
西班牙	9.0	9.5	4.0	9.5	9.5	9.6
英国	8.4	7.8	7.4	7.8	8.1	7.6
中国	**7.8**	**7.2**	**6.5**	**6.5**	**6.7**	**6.7**
美国	6.0	6.6	6.3	6.3	6.6	6.2
意大利	6.4	6.2	6.2	6.2	6.4	6.7
法国	6.9	6.7	7.0	6.9	7.7	7.6
加拿大	8.6	7.3	11.7	7.8	7.8	9.7
日本	4.7	4.8	4.6	4.9	4.6	4.8
德国	4.8	5.2	4.2	4.4	4.4	4.4

数据来源:中国数据来自中国电力企业联合会历年《电力工业统计资料汇编》;其他国家数据来自 IEA, Electricity Information 2014。

表9-15 发电煤耗率国际比较

单位:克标准煤/千瓦时

年份 国家/地区	2000	2005	2010	2011	2012	2013
中国	**363**	**343**	**312**	**308**	**305**	**302**
日本	303	301	294	295	294	–

注:中国数据为6000千瓦及以上电厂数据,日本数据为九大电力公司平均。

数据来源:中国数据来自中国电力企业联合会历年《电力工业统计资料汇编》;日本数据来自 The Institute of Energy Economics Japan Handbook of Energy and Economic Statistics in Japan。

表9-16 供电煤耗率国际比较

单位:克标准煤/千瓦时

年份 国家/地区	2000	2005	2010	2011	2012	2013
中国	**392**	**370**	**333**	**329**	**325**	**327**
日本	316	314	306	306	305	–
意大利	315	288	275	–	–	–
韩国	311	302	303	–	–	–

注:中国数据为6000千瓦及以上电厂数据,日本数据为九大电力公司平均。

数据来源:中国数据来自中国电力企业联合会历年《电力工业统计资料汇编》;其他国家数据来自 The Institute of Energy Economics Japan Handbook of Energy and Economic Statistics in Japan。

表9-17 分地区发电厂用电率

单位:%

年份 地区	2010	2011	2012	2013	2014
北 京	6.1	5.9	5.3	5.5	4.3
天 津	6.6	6.4	6.3	6.1	6.6
河 北	6.7	6.5	6.3	5.8	5.7
山 西	7.9	7.7	7.4	7.3	7.2
内蒙古	7.3	7.1	6.8	6.6	6.6
辽 宁	6.6	6.6	6.5	6.3	6.3
吉 林	6.4	6.6	6.5	5.8	6.2
黑龙江	6.7	6.5	6.2	6.2	6.2
上 海	5.0	4.6	4.5	4.6	4.6
江 苏	5.3	5.2	5.0	4.8	4.7
浙 江	5.1	4.8	4.9	4.8	4.9
安 徽	5.3	5.0	4.8	4.6	4.5
福 建	4.4	4.1	4.1	4.5	4.9
江 西	5.5	5.3	4.8	4.8	4.5
山 东	7.0	6.8	5.7	5.8	5.9
河 南	6.1	5.7	5.7	5.4	5.4
湖 北	2.4	2.6	2.1	2.5	2.4
湖 南	4.6	4.9	4.3	4.4	4.0
广 东	5.5	5.3	5.3	5.2	5.1
广 西	3.6	3.9	3.7	4.0	3.2
海 南	6.8	6.9	6.9	7.1	6.8
重 庆	–	–	5.3	5.7	5.6
四 川	3.0	2.8	2.1	1.5	1.7
贵 州	5.5	6.0	5.0	5.6	4.7
云 南	3.1	3.0	2.4	1.9	1.6
西 藏	3.7	3.1	2.0	3.7	1.9
陕 西	6.9	6.8	6.8	6.6	6.9
甘 肃	4.9	5.0	4.6	4.1	4.2
青 海	2.0	2.3	2.1	2.1	1.9
宁 夏	–	–	–	–	0.0
新 疆	7.3	7.0	7.1	7.0	3.1

注：本表数据为6000千瓦及以上电厂数据。

数据来源：中国电力企业联合会历年《电力工业统计资料汇编》。

表 9－18　分地区线损率

单位:%

年份 地区	2010	2011	2012	2013	2014
北　京	6.7	6.5	6.5	6.8	6.9
天　津	5.9	6.6	6.6	6.6	6.8
河　北	5.2	4.9	6.8	6.9	6.7
山　西	7.0	5.9	6.2	6.4	6.6
内蒙古	3.7	5.4	4.9	4.9	5.2
辽　宁	6.9	6.3	6.0	6.0	6.2
吉　林	6.4	5.2	5.3	5.3	5.1
黑龙江	7.8	7.3	7.0	7.0	7.2
上　海	6.1	6.1	6.2	6.2	6.2
江　苏	7.9	7.9	7.0	6.0	4.6
浙　江	4.7	4.2	4.2	4.8	4.5
安　徽	5.6	8.8	8.6	7.9	7.7
福　建	6.7	6.6	6.5	6.0	5.7
江　西	4.9	3.9	7.1	7.4	7.2
山　东	6.0	6.1	6.2	6.2	6.7
河　南	5.4	5.2	5.2	5.2	6.1
湖　北	6.7	6.5	7.1	6.7	6.4
湖　南	8.8	8.5	8.8	9.6	9.4
广　东	6.4	5.1	5.9	5.6	4.9
广　西	6.9	6.8	7.2	7.1	6.8
海　南	7.6	9.3	8.0	7.9	7.8
重　庆	8.1	7.2	7.5	7.5	6.6
四　川	10.1	9.4	9.4	9.4	9.7
贵　州	5.1	5.4	5.1	5.2	6.6
云　南	6.2	6.9	6.2	5.6	5.0
西　藏	13.3	12.8	13.5	13.6	13.8
陕　西	6.8	6.8	7.2	7.1	7.1
甘　肃	5.6	4.9	4.9	4.9	5.1
青　海	3.7	3.6	3.5	3.5	3.1
宁　夏	4.1	4.5	4.1	3.7	3.6
新　疆	7.7	8.1	8.1	7.8	8.0

数据来源：中国电力企业联合会历年《电力工业统计资料汇编》。

表 9-19　分地区发电煤耗率

单位：克标准煤/千瓦时

地区 年份	2010	2011	2012	2013	2014
北　京	264	258	246	246	231
天　津	303	304	302	300	296
河　北	317	315	312	306	305
山　西	318	317	314	302	305
内蒙古	318	321	315	314	314
辽　宁	313	309	303	299	295
吉　林	309	299	300	296	287
黑龙江	328	322	321	312	308
上　海	300	293	289	288	288
江　苏	305	301	296	293	293
浙　江	295	292	290	288	285
安　徽	306	301	298	297	294
福　建	299	291	290	294	294
江　西	311	305	301	299	298
山　东	320	317	310	304	304
河　南	307	301	298	297	299
湖　北	311	305	303	298	293
湖　南	317	312	309	302	295
广　东	305	301	299	298	296
广　西	308	309	304	299	298
海　南	299	290	289	286	285
重　庆	-	-	326	319	305
四　川	331	326	315	313	302
贵　州	317	314	310	309	207
云　南	319	317	315	312	312
西　藏	316	352	344	300	317
陕　西	314	312	310	307	306
甘　肃	316	313	312	311	309
青　海	335	331	328	329	331
宁　夏	312	316	308	326	324
新　疆	373	363	342	322	312

注：本表数据为 6000 千瓦及以上电厂数据。

数据来源：中国电力企业联合会历年《电力工业统计资料汇编》。

表 9 – 20　分地区供电煤耗率

单位：克标准煤/千瓦时

地区 \ 年份	2010	2011	2012	2013	2014
北　京	282	274	260	260	241
天　津	327	325	323	320	316
河　北	339	336	332	326	325
山　西	346	344	340	327	330
内蒙古	345	347	339	337	337
辽　宁	336	332	326	321	315
吉　林	335	323	324	319	308
黑龙江	353	346	344	335	330
上　海	316	308	303	302	302
江　苏	322	318	311	308	308
浙　江	312	307	305	303	299
安　徽	323	317	313	312	309
福　建	316	306	304	309	310
江　西	331	323	318	314	313
山　东	343	339	329	323	323
河　南	326	320	317	315	317
湖　北	332	324	320	314	309
湖　南	338	332	328	326	314
广　东	325	319	317	316	315
广　西	329	330	326	318	318
海　南	326	317	314	313	310
重　庆	–	–	354	345	332
四　川	355	352	335	334	322
贵　州	342	339	335	333	331
云　南	342	343	339	334	335
西　藏	332	365	355	308	328
陕　西	338	337	333	330	329
甘　肃	339	335	334	332	329
青　海	362	354	356	356	361
宁　夏	335	340	330	346	347
新　疆	409	396	372	350	336

注：本表数据为 6000 千瓦及以上电厂数据。

数据来源：中国电力企业联合会历年《电力工业统计资料汇编》。